Marlene Knobloch

Serious Shit

Marlene Knobloch, geboren 1994, zog mit 18 Jahren vom bayrischen Dorf nach Berlin, um an der Volksbühne am Rosa-Luxemburg-Platz zu arbeiten. Sie studierte Deutsche Literatur und Philosophie in Berlin und Tel Aviv und ließ sie sich an der Deutschen Journalistenschule in München zur Redakteurin ausbilden. Knobloch schreibt für die »Seite Drei« und das Feuilleton der »Süddeutschen Zeitung« sowie als freie Autorin für die »Zeit« und das »SZ«-Magazin. Sie war mehrfach für den Deutschen Reporterpreis nominiert, ist Preisträgerin des Dr. Georg Schreiber-Medienpreises und wurde 2021 vom »Medium Magazin« zu den Top 30 bis 30-Journalistinnen ausgewählt.

Über den Realitätsschock der Dreißigjährigen

Eigentlich hatte man genug um die Ohren. Passt die Beziehung, passt der Job, will man Kinder, wohin soll der Workation-Trip gehen? Das Leben war eine persönliche Angelegenheit. Eine Minderheit hatte sich für Klimaschutz eingesetzt, man hatte likend die LGBTQ-Bewegung unterstützt. Und wähnte sich ein bisschen politisch – bis der Krieg Russlands gegen die Ukraine den neuen Ernst enthüllte: Die Zukunft wird verdammt schwer.

Marlene Knobloch zeichnet ein berührendes Porträt ihrer Generation, der der Dreißigjährigen, und sucht Antworten auf die großen Fragen, die sich quasi über Nacht gestellt haben: Was sind unsere Werte? Wie übernehmen wir die Verantwortung in unserer Demokratie? Und können wir das überhaupt als Einzelbiografen?

Marlene Knobloch

SERIOUS SHIT

Die Welt ist gefährlich –
und warum wir das erst jetzt merken

dtv

FSC
www.fsc.org
MIX
Papier | Fördert gute Waldnutzung
FSC® C083411

2023 dtv Verlagsgesellschaft mbH & Co. KG, München
Umschlaggestaltung: Theresa Haugg, theresahaugg.com
Satz: Fotosatz Amann, Memmingen
Gesetzt aus der Skolar Latin
Druck und Bindung: CPI books GmbH, Leck
Printed in Germany · ISBN 978-3-423-28322-9

Für A.

»Ich stellte mir vor, dass mein Leben einfach und süß war,
und manchmal war es das auch,
aber es geschahen merkwürdige Dinge in der Stadt.«
Joan Didion

Inhalt

Vorwort

Fuck ist kein guter Einstieg. Aber es war nun mal das erste Wort, das in meinen Sinn schoss und fast gleichzeitig über meine Lippen. Kurz vor sieben, ich scrolle im Bett durch Twitter, durch Nachrichten, sehe Menschen, die in einer U-Bahnstation kauern, Flecktarn, Panzer, Flammen, Frauen, die weinen, Kinder, die weinen, Männer, die weinen. Ich fluche, seufze, schüttele den Kopf. Dann stehe ich auf und koche Tee. Draußen graut der Berliner Winter und in mir die Erkenntnis, dass ich und viele, viele andere in diesem Land etwas übersehen haben.

Lange dachte ich, in uninteressanten Zeiten zu leben. Wenn ich heute an das Panorama denke, durch das Angela Merkel noch mit Schwung im blonden Haar spazierte und lächelnd die Wehrpflicht aussetzte, durch das ich bei den Bundesjugendspielen sprintete und die fünfzig Meter fast unter acht Sekunden lief, dann überkommt mich ein Unbehagen, das nichts mit Nostalgie zu tun hat. Es ist Taubheit, Scham, Ahnungslosigkeit, als wären mir die Bilder aus den Fingern geglitten und jetzt weiß ich nicht mehr, wo sie hingehören. Es ist das Gefühl, etwas Grundlegendes über das Leben nicht verstanden zu haben.

Für den Sprint bei den Bundesjugendspielen bekam ich eine Ehrenurkunde überreicht, auf der hübsch und leserlich Horst Köhler unterzeichnet hatte. Der damalige Bundespräsident. Die Sonne schien, ein Zitronenfalter setzte sich neben Köhlers Namen und ich blickte stolz auf das Büttenpapier. Ungefähr zu jener Zeit sagte jener nette Urkunden-Präsident, Deutschland müsse seine Interessen notfalls mit militärischen Mitteln durchsetzen. Eine innenpolitische Bombe, die Vorwürfe reichten von »Kanonenbootpolitik« bis zum »imperialen Zungenschlag«, Deutschland und eine Armee? Für was? Für wen? Warum? Köhler trat kurz darauf zurück.

Sein Schicksal interessierte mich wenig. Die Jahre zogen vorbei, ich las, schrieb, lernte, studierte und reiste, liebte und hasste nicht viel, sprach fremde Sprachen, baute IKEA-Schränke auf und nie wieder ab, ich entwarf und verwarf, betete und hörte auf zu beten und entwickelte einen differenzierten Kaffeegeschmack.

Ich dachte, langsam verstünde ich dieses Erwachsenenspiel. Langsam könnte ich Phänomene und Menschen beurteilen, wüsste, was zu sagen, was zu glauben, was zu fühlen ist. Ich verbot meiner Mutter, mir Geld zuzustecken (»Mama, ich verdiene doch jetzt Geld« – »Na ja«) und bezahlte, wenn ich mit meinem Vater in einer Bar war, manchmal die Rechnung (»Nein, Papa, ich übernehm heute« – »Noch einen bitte!«). Aber immer öfter bröckelte etwas von jenem Selbstverständnis, mit dem ich summend von Großstadt zu Großstadt zog. Und an einem Februarmorgen zersprang es in viele kostbare Teile.

Der 24. Februar 2022 ist eine Zäsur. Für die Welt, für meine Generation, für mich. Noch nie taten die Fehler der Vergangenheit, die eigene Naivität so dermaßen weh. Natürlich blieb mein Leben dasselbe. Nicht meine Wohnung wurde bombardiert, sondern die der Ukrainer, aber trotzdem verschob sich etwas fundamental. Noch nie war mir so klar, wie verdammt schwierig die Zukunft würde. Nicht nur der Klimawandel, die Inflation, eine Pandemie, eine Rezession, die Demografie kamen auf mich zu, sondern jetzt auch noch ein Krieg und die Wiederkehr des Imperialismus. Und plötzlich tauchte in meinem Panorama das Wort »Feind« auf. Hatte ich ernsthaft damit gerechnet, dass es keine Kriege mehr geben würde? Dass Europa für immer ein friedlicher Kontinent bleibt? Hatte ich geglaubt, »das Böse« sei aus den Menschen verschwunden?

Putins Truppen marschierten also in die Ukraine ein. Und als das Fluchen nichts mehr half und ich nach dem zwanzigsten »krass« wie ein Vollproll aus Gelsenkirchen klang, schrieb ich. Ich schrieb gegen den Schock, schrieb über die banale Erkenntnis, dass es Feinde gibt, und schrieb, dass wir das offenbar vergessen hatten.

Laut »Monde Diplomatique« schrieb ich in diesem Essay, der in der »Süddeutschen Zeitung« erschien, von »Durchschnittsdeutschen Halbpazifisten«, was wirklich nie in meinem Text stand, aber ich möchte mich an dieser Stelle bei der Autorin für die pointierte Formulierung bedanken. Denn sie verstand schon, was ich gemeint hatte. Über was hatten wir uns all die Jahre gestritten?

Sicher nicht über Putin. Woher kannten wir die Werte, über die wir an Weißwein-Abenden plauderten? Und vor allem – kannten wir ihren Preis? Es hieß, die Ukrainer verteidigten »auch unsere Freiheit«, aber was würden wir für sie tun? Und was sollten diese großen Fragen in meinem kleinen Leben?

Der Angriffskrieg überrollte mich und eine Generation, die doch gerade loslegen wollte mit dem ganz normalen Leben, mit dem ganz normalen Erwachsensein und den ganz normalen Carbonara-Abenden. Plötzlich zogen »multiple Krisen« am Horizont auf. Plötzlich lebten wir also in »interessanten Zeiten«.

Das Misstrauen, glaube ich, setzte schon früher ein. Vielleicht, als Ältere immer häufiger den Kopf leicht schief hielten und so schrecklich verständnisvoll nickten. Vielleicht, als sich auf siebzigjährige Gesichter ein spezielles Lächeln schlich, wenn man über die Zukunft plauderte, und sie voller Jenseitsvorfreude noch ein Bier bestellten. Ich begann mich zu fragen, was mit der Jugend passiert war. War sie nicht mal der heiße Scheiß, war sie nicht die Menschheits-Sehnsucht, das kostbarste, weil nicht zu kaufende Gut?

Der Journalist Jens Jessen, auch nicht der Jüngste, schrieb über uns: »Unglücklicher und unfreier war selten eine Generation zuvor.« War denn niemand mehr neidisch auf uns? Sahen diese alten Analysten nicht meine faltenfreien Wangen, die noch nie eine Anti-Aging-Creme berührt hatten? Was war das für eine irre Zeit, in der nicht mal mehr die Alten mit mir tauschen wollten? Zur Hölle mit dem Rosenteint! Was half er mir, wenn eine schlechte Nachricht die nächste jagte, brennende Wälder, Flutkatastrophe, Wasserknappheit, Schulden, Krieg, Armut live aus Deutschland. Wir sind vielleicht die Ersten, die jung sind – und von niemandem dafür beneidet werden. In diesem Schlamassel muss eine Generation erwachsen werden. Oder, noch schlimmer, erwachsen bleiben.

Natürlich ist es eine komplette Anmaßung, in diesem Buch von einer »Generation« zu sprechen. Wer soll das sein in der zerfieselten Postmoderne, und vielleicht hat der Begriff noch nie einen Sinn gehabt. Trotzdem wage ich es, ihn zu verwenden. Ich erspare Ihnen die etymologische Spurensuche und komme gleich zum Punkt: Es ist ein Wort voller Widersprüche. Ich bin, während ich dieses Buch schreibe, achtundzwanzig Jahre alt. Manche schieben in diesem Alter Kinderwagen, andere pflegen kranke Eltern, die einen nehmen zum ersten Mal LSD, die anderen zum ersten Mal ein Taxi zum Businesshotel. Manche beginnen gerade eine Ausbildung, andere sind schon wieder arbeitsunfähig. Besorgniserregend viele gehen zu Helene-Fischer-Konzerten, besorgniserregend wenige kennen »The 1975«.

Mit achtundzwanzig bin ich laut manchen Definitionen knapp vorbei an der Grenze zur Generation Z und deswegen gerade noch ein »Millennial« oder Angehörige der »Generation Y«. Namen, an denen Klischees, Beleidigungen, Huldigungen, Hoffnungen kleben. Wenn Ältere von meiner Generation reden, fällt fast noch im selben Atemzug »Fridays For Future«.

Es ist natürlich richtig, dass sich viele junge Menschen schon länger für den Klimaschutz einsetzen und kapiert haben, dass sie Einfluss und Selbstwirksamkeit haben. Aber es ist mitnichten »eine Generation« oder »die Jugend«. Und natürlich interessiert junge Menschen mehr als nur das Klima.

Als bei der letzten Bundestagswahl 2021 die meisten Erstwähler für die FDP stimmten, überschlugen sich fassungslose, verachtende Kommentare, die Jungen seien wohl »vom Neoliberalismus sozialisiert«, irgendwie ging man davon aus, dass Jungsein Grünsein bedeutete. Aber es geht hier um keine spezifische Gruppendefinition. Es geht um Menschen, die ein ähnliches Gefühl erleben, wenn sie an die Zukunft denken oder sich in der Gegenwart umschauen.

Ich glaube, dass ich nicht allein bin mit diesem Gefühl. Und sicher gibt es junge Menschen, die viel früher den Ernst begriffen, und Fünfundvierzigjährige, die sich hier wiederfinden werden, obwohl sie offiziell einer anderen Generation angehören. Was uns Junge eint, ist die Unterzahl: Das Statistische Bundesamt gibt an, dass es noch nie so wenige junge Menschen in Deutschland gegeben hat.[1] Und viele von uns verbindet die Tatsache, dass wir in der Zeit keinen ewig steigenden Glücksgraphen sehen. Die meisten glauben, dass es der eigenen Generation schlechter gehen wird als der der Eltern.[2] Die Zukunft ist für uns kein Versprechen, sondern eine Zumutung.

Mir ist bewusst, dass ich dieses Gefühl jetzt spüre, weil ich sehr viel Glück hatte. Ich vertraute darauf, dass irgendwie alles gut würde, weil ich nie Krieg oder Gewalt erfahren habe, weil ich keiner marginalisierten Gruppe angehöre und mir Arschlöcher nicht so gut merken kann wie die guten Leute.

Ich will mit diesem Buch dem Gefühl auf den Grund gehen, das mich seit einigen Monaten heimsucht. Das Gefühl, den Überblick über die eigene Geschichte verloren zu haben. Weil man mich auf eine andere Welt vorbereitet hat als auf die, die jetzt vor mir liegt. Weil ich trotz aller Krisen fest daran geglaubt hatte, dass alles wieder okay wird und Britney und Madonna irgendwann wieder auf den »MTV Music Awards« knutschen würden.

Vielleicht geht es allen Achtundzwanzigjährigen so, wer weiß das schon, und wenn, ist das wohl ein Buch übers Erwachsenwerden. Aber ich fürchte, dass es nicht damit getan ist, die Stadt zu wechseln, »mal rauszukommen«, »wieder richtig feiern zu gehen« oder mit Krav Maga anzufangen. Ich fürchte, das Gefühl bleibt.

Ich habe für dieses Buch mit Psychologinnen, Politologen, Forschern gesprochen, Studien und Literatur gelesen, einen Künstler unserer Generation und junge Menschen befragt. Ich habe mir Gedanken gemacht über meine Sozialisierung, den Hyper-Super-Mega-Individualismus, die verkorkste Diskurskultur, das Internet und die kaputte Öffentlichkeit. Und alles, was ich bieten kann, ist mein Blick auf die Bilder vor meinen Augen. Es ist ein persönlicher Essay, in dem ich aus verschiedenen Winkeln mich und meine Generation beobachte. Es ist ein Versuch, uns in dieser neuen Gegenwart zu begreifen. Herauszufinden, wie wir uns orientieren. Und vielleicht in alledem eine Chance sehen, zusammen aufzuwachen und Werte nicht nur zu nennen, sondern konkrete Handlungen formulieren zu können.

Was machen wir also mit diesen »interessanten« Zeiten, was machen sie mit uns? Warum sind wir so, wie wir sind? Und wer wollen wir sein?

Ich weiß, dass ich die Menschen lange Zeit mochte und mir sehr lange nichts Gravierendes Anlass dazu gab, anders zu denken. Vielleicht ist genau das eine der größten Herausforderungen des Erwachsenwerdens, diese Naivität gegen das Zähnefletschen der Gegenwart zu verteidigen.

Kapitel 1

Aufwachsen am Ende der Geschichte

Das Ende der Geschichte lag an einer Bushaltestelle. Wir waren dreizehn oder vierzehn und saßen dort, bis sich der Himmel rosa färbte und Gänsehaut auf Marinas nacktem Bauch zu sehen war. Die schmalen Bänder des Stringtangas spannten über den Hüftknochen, die Schlaghosen hingen tief. Ich hatte keine Stringtangas. Ich durfte mir gerade mal die Beine rasieren, meine Mutter hatte kapituliert oder schlicht das Interesse verloren an diesen Mädchen, die die feministischen Errungenschaften der Siebzigerjahre mit einer Gillette-Venus-Dreifachklinge absäbeln wollten. Haarentfernung bescheinigte sie als »Schmarrn«, ließ mich aber sein, wer ich sein wollte, so wie unsere Eltern uns eben sein ließen, wer wir sein wollten.

Die Bushalte war das, was für Stadtkinder eine Eisdiele oder der Brunnen vor dem Einkaufszentrum gewesen sein mag. Ein Ort voll schlechter Ideen, Push-up-BHs und Vanillakiss-Parfüm von Schlecker. Ein Ort zum Rumhängen, Stundentunken und Tageversenken. Wir ließen Nachmittage zu Abenden werden, ab und zu rauschte ein Achtzehnjähriger mit monströsen Bassboxen an, der Kofferraum vibrierte, Yasin stieg ein, Tobi stieg aus, man stieß die Fäuste aneinander, rauchte, machte einen sexistischen Witz, ernste Gesichter, tief gelegte Augenbrauen, tief gelegte Stoßdämpfer, krasse Felgen, fuhr weiter. Andi und Andi rauchten auf den Gittersitzen, Unterarme auf den Knien, schauten auf den Boden, spuckten.

Andi stand daneben, zog das Sony Ericsson aus der in den Kniekehlen hängenden Jeans und wählte einen neuen Rap-Song, düster und knatternd, Xzibit rappte »Scandalous Bitches«. Ich wagte nicht zu sprechen. Spannung lag in der Luft, aufgeladen von Langeweile, schlechten Manieren und einer Überdosis Axe Deo. Ich beobachtete die jungen Männer beim Spucken, ein Duell, wer die größere Pfütze verursachte, und belohnte die Wettkämpfer mit »krass« oder »wow, ih«. Vor uns die große Wiese, auf die man einmal im Jahr Bretter nagelte, Bierbänke stellte, Zapfhähne montierte. Dann stand dort ein großes leeres Zelt statt einer großen leeren Wiese.

Die Kinder wurden ja weniger und damit wurden auch die Kirchweih-Besucher weniger. Große Sorgen um das Sexleben wie um die Rente plagten dieses kinderarme Land. Die Zahl 1,3 las man überall, 1,3 Kinder bekommt der Durchschnittsdeutsche. Mit 1,3 Kindern klappt das nicht mit dem Generationenvertrag, rief Herr Obermaier, und wir senkten die Köpfe schamvoll in die Sozialkundebücher, entschuldigend, weil die meisten nicht geschlechtsreif waren. Diese schwindende Jugend ging weniger gern in Bierzelte, sie interessierte sich weniger für Maßkrüge, Brathendl und das Schunkeln in der Gemeinschaft. Die Kinder hier sprayten, mischten Wodka mit Red Bull oder wollten Unreal Tournament spielen. Die Dimensionen des Festzeltes orientierten sich an der uns weit überlegenen Vorgeneration der Babyboomer mit ihrer Wahnsinns-Geburtenrate.

An einem dieser kühlen Abende setzte ich mich neben Andi, er trug breite weiße K-Swiss-Sneaker, Hip-Hop-Treter, Baggiejeans und war etwas kleiner als die andern. Wahrscheinlich mochte ich ihn deswegen. Ich betrachtete die Pfütze zwischen seinen Füßen, und vielleicht, weil ich mir sowieso nichts erhoffte, vielleicht, weil in dieser Zeit nie etwas geschah, das Bedeutung hatte, fragte ich: »Was willst du eigentlich vom Leben?« Andi hörte auf zu spucken. Auf seiner Stirn zeichneten sich leichte Falten ab, die der MTV-Gangster-Blick in die Haut furchte und die sich vertiefen würden nach dem Realschulabschluss. Nur die blauen Augen blickten kindlich verquollen zu mir, er wirkte verschlafen. Andi zog an der Zigarette, zupfte an der Kapuze seines Pullis und sagte: »Na, das was alle wollen.« Er sah in die Ferne auf das gemähte Gras. »Einen Grill.«

»Einen Grill?«, fragte ich.

»Ja, einen Grill.« Er lächelte, die Falten an der Stirn verschwanden. »Eine Frau, Kinder, einen Garten. Und ich steh dann am Grill.«

Ich fand die Antwort plausibel. Ich sah ihn mit dünneren Haaren und dickerem Bauch Schweinsbratwürste wenden, während er seiner Frau in der Küche zurief, sie solle das Curryketchup mitbringen. Trotzdem enttäuschte es mich. Noch mehr enttäuschte mich, dass ich keine besseren Vorschläge hatte. Keiner hatte bessere Vorschläge. Alle Vorschläge hatte es schon gegeben. »Eines Tages, Baby, werden wir alt sein, oh Baby, werden wir alt sein und an all die Geschichten denken, die wir hätten erzählen können«, warnte uns eine einundzwanzigjährige Psychologiestudentin und hatte auch keine guten Vorschläge. Am wenigsten im Jahr 2013, als das Video der Poetry-Slammerin Julia Engelmann zu einem der meistgesehenen Videos auf YouTube wurde und Tausende Erstsemester tief ergriffen waren, weil ihnen jemand sagte, dass sie in einem »Warteraum« lebten.

Warum fühlten sich Tausende junger Hoffnungsträger von dem Satz »›Mach ich später‹ ist die Baseline meines Alltags« so dermaßen abgeholt? Warum schossen Jörg Pilawa in einer Talkshow mit Engelmann Tränen in die Augen und was sollte überhaupt dieser künstlerische Totalausfall Poetry-Slam? Was sollte das Bedauern der eigenen Lethargie im Land der Möglichkeiten? Was sollte diese Pseudosehnsucht nach der testamentarischen Maximalerfahrung, wach bleiben, »bis die Wolken wieder lila sind«? Was waren das für miese Geschichten?

Gut, es gab kein New York der Sechzigerjahre, in das wir aus dem armen Elternhaus fliehen konnten. Wo eine Generation in Hauseingängen nächtigte und man bei der Suche nach einem Schlafplatz über Gleichaltrige stolperte, wenn man es sich gerade auf der Fußmatte gemütlich machen wollte, und die heute Nobelpreise füreinander entgegennehmen wie Patti Smith für Bob Dylan. Es gab nicht mehr die, die selbst auf dem bayrischen Dorf in einem Landkreis ohne Autobahnanbindung eine kosmopolitische Jugend hatten. Mit Rock 'n' Roll und sauberem Marihuana. Die die Alten noch provozierten, indem sie »LSD ins Trinkwasser« aufs Auto sprühten, nach Indien mit dem VW-Bus fuhren, den Iran per Anhalter bereisten, so wie wir heute mit easyJet nach Bali fliegen. Die an einer Tankstelle in der afghanischen Wüste standen, als ein Botschafter aus dem Rheinland den »Jungens« zurief, sie sollten schleunigst verschwinden, die Königsfamilie sei gestürzt. Die wussten, warum die Revolution schuld daran ist, dass wir kein Gras mehr am Golf von Oman rauchen konnten. Die wussten, wie große politische Entscheidungen viele kleine Leben verändern und viele kleine Leben die große Politik.

Von solchen Zusammenhängen hatten wir wenig Ahnung.

Es gab die nicht, die bessere Ideen als ihre Vorgeneration hatten. Bessere Ideen als »Grill«. Uns blieb nur noch das sofortige Erwachsenwerden. Man kann keine Zeit kopieren, und als wir uns fragten, wie weit wir hoffen durften, da fiel Julia Engelmann nur hedonistische Konsumkultur ein und Frida Gold fragte verzweifelt: »Wovon sollen wir träumen?«

Wir waren froh, an den Krisen vorbeigekommen zu sein, die Fahndungsfotos von langhaarigen Männern oder Gudrun Ensslins dickem Kajalstrich fanden wir natürlich stylisch, machte sich gut an den Metzgereifliesen der westdeutschen Kleinstädte, aber den ganzen Trouble wollten wir lieber nicht. Es gab noch nicht mal mehr die Leichtigkeit der Generation Golf, der Glanz der goldenen Konsumjahre blätterte ab, Tennis galt in Grünwald oder Essen-Bredeney als schick, taugte aber nicht mehr als Generationssport.

Von der siebzehnjährigen Wimbledon-Legende Boris Becker blieb uns nur noch der Ex-Sportler, der Frauen in Besenkammern oder nach Sankt Moritz schleppte und Steuern hinterzog. Sex and the City war ein Märchen. Meine Heldinnen waren etwas später die vier verlorenen Frauen aus »Girls«, die statt Cosmopolitans Valium schluckten und dabei versuchten, zumindest ein bisschen so erfolgreich wie ihre Eltern zu sein.[1] Wir hatten keine autofreien Sonntage und damit niemals die Gelegenheit, mit dem Fahrrad zum Dreieck Neufahrn zu radeln und im 21. Gang auf die A92 abzubiegen. Unsere Eltern gaben uns statt Lebensweisheiten Urlaubstipps, wir fanden das Hotel an der ligurischen Küste auch sehr hübsch. Schriftsteller wie Leif Randt präsentierten mit seelenlosem Kalkül das Ergebnis dieser merkwürdigen, erodierenden Zeit, und so lesen wir Bücher über verlorene Narzissten, denen nicht mal mehr die Liebe Halt gibt. Waren das die Helden, in denen wir uns wiederfanden?

One day baby also we will be old and still think about the stories that they have told.

»Was willst denn du?«, fragte Andi. Ich sagte nichts. Mein Leben fühlte sich an, als hätte es bereits jemand getragen. An den Schultern zu breit, die Ärmel zu lang, insgesamt gemütlich. Da saßen wir an der »Bushalte« und warteten auf das Leben unserer Eltern. Ihre Version vom Älterwerden schien uns plausibel. *Voll ok.* Alle waren mit allem voll ok. Wahrscheinlich schlich sich genau zu dieser Zeit der Ausdruck »oki doki« nochmal in den deutschen Sprachgebrauch. Arbeit, Konto, Rente. Oki doki. Wir warteten auf den Beruf, auf den Zweitwagen, auf den Urlaub, den Hund, den Garten, den Grill. Alle wichtigen Ereignisse waren passiert.

Der Computer war erfunden, die Mauer gefallen, der Faschismus besiegt. Nazis gab es, klar, sie jagten meinen Bruder, versuchten einmal, ihn und seine Freunde zu überfahren, sie waren nicht ungefährlich, aber am Ende waren sie auch nur eine Subkultur. Skater, Antifa, Sprayer, Rasta-Dudes, Nazis. Der Sozialismus wurde uns stets als historischer Verlierer vorgestellt. Meinem Großonkel Jürgen, der aus Wurzen bei Leipzig nach Bayern gezogen war, blieb nur der Dialekt. Sie waren »frei«, ins Happy End rübergesiedelt. Das Gefühl, »dass etwas sehr Fundamentales in der Weltgeschichte« vorgegangen sei, wie Francis Fukuyama nach dem Fall des Eisernen Vorhangs in seinem berühmten Aufsatz »Das Ende der Geschichte« schrieb, kannten wir nicht. Geschichte war ein Privileg der Älteren.

Wenn die Sonne durch die Altbaufenster knallte, auf die alten Wände meiner Schule, ein ehemaliges Dominikanerkloster, und die Gedanken vom Ablativus absolutus wegdämmerten, blätterte ich in meinem Hausaufgabenheft, dem »Häfft«, das Schülern aus der Langeweile half. Mit Witzen, Schiffe versenken und einer Liste der wichtigsten historischen Ereignisse vom Neandertaler bis heute. Ein Großteil meines historischen Wissens basiert auf dieser Liste. Der Untergang des Weströmischen Reichs (476 n. Chr.), die Kaiserkrönung Karls des Großen (800), der Dreißigjährige Krieg (1618–1648!), der Deutsch-Französische Krieg, die Weltkriege, die Kubakrise, die Wiedervereinigung, die Freilassung Nelson Mandelas.

Hatten sich bis dahin die Zeilen dicht aneinandergedrängt, glaubte ich, die Liste hätte ab 1990 den Faden verloren. Mir schien, der Zeilenabstand wurde breiter, die Liste begann zu stammeln, zu improvisieren, als hätte sie den Text vergessen oder es sei einfach keiner mehr da, während das Stück aber lange nicht zu Ende war. Der letzte Eintrag stammte von 2004: EU-Osterweiterung. Das kam mir schwer geschummelt vor. EU-Osterweiterung? Wirklich? Andere hatten den Fall eines ganzen politischen Systems erlebt, einer Weltidee, hatten Präsidentenaffären, Flugzeugentführungen, Friedensdemos und brennende Verlagshäuser gesehen, und in meiner Jugend rückten ein paar Länder in die EU? Ich hatte es nicht mal mitbekommen. Gut, ich war 2004 zehn Jahre alt. Aber für unser Leben hatte sich nichts verändert, niemand sagte was in der Schule, Ulrich Wickert hatte denselben Gesichtsausdruck und wünschte immer noch einen »angenehmen Abend und eine geruhsame Nacht«. Dass genau jene Jahreszahl später bedeutend sein würde, dass sich ein Faden spannen würde über mein Teenageralter hinweg, über meinen Umzug nach Berlin, meinen ersten Beruf am Theater, Auslandssemester, bis ich Reporterin würde, dass mich diese Jahreszahl, auf der ich an einem Sommernachmittag gelangweilt im Lateinunterricht herumkritzelte, an einem kalten Februarmorgen einholen würde, davon ahnte ich nichts. Wir ahnten nichts von Zusammenhängen.

Ich kannte erst das Gefühl und dann Francis Fukuyama, den japanischstämmigen Amerikaner, Politikwissenschaftler und Propheten des Liberalismus. Er beschrieb die Welt nach 1989 als »das Ende der ideellen Entwicklung der Menschheit und die Universalisierung der liberalen westlichen Demokratie als finales Stadium menschlicher Regierungsformen«. Wir saßen also hinter der Zielgeraden, auf der wir nie rennen mussten.

Die Idee, dass Geschichte an ein Ende kommt, stammt nicht von Fukuyama. Christlich-jüdische Religionsväter, abendländische Philosophen von Augustin über Hegel bis Marx prägen unser westliches, heilsgeschichtliches Denken. Erst passiert etwas, Urknall, Gott, Jesu Geburt, Kapitalismus, dann rennt die Zeit von links nach rechts. Menschen zetteln Kriege an, verschieben Grenzen, bis wir uns erschöpft in die starken Arbeiterarme des Sozialismus fallen lassen, uns vor die Sandalen des Messias werfen oder eben in der liberalen Demokratie in einen Cheeseburger beißen.

Und jetzt? Waren wir angekommen. In der bestmöglichen aller Welten. Mit diesem Glauben betrachtete ich meine Gegenwart als Konsequenz eines langen Prozesses, den die Menschheit vor mir ausgehandelt hatte. Der demokratische Liberalismus hatte jeden Panzer der Alliierten gestählt. Nicht amerikanische Soldaten waren 1944 mit Fallschirmen in der Normandie gelandet und hatten den Faschismus besiegt, sondern der demokratische Liberalismus. Aus dieser Perspektive war es nur logisch, dass der Eiserne Vorhang gefallen war. Ich überlegte manchmal im hübschen Altbau meines Gymnasiums im barocken Eichstätt[2], warum es über vierzig Jahre dauerte, um einzusehen, dass Planwirtschaft Murx ist. War doch von vornherein klar. Der Gedanke, dass es in Europa nochmal Feinde geben könnte, Feinde jener liberalen Demokratie, kam mir nie.

Natürlich gab es Menschen mit schwerwiegenden Krisen, natürlich erzähle ich Geschichte aus einer privilegierten Position, natürlich, was fällt mir ein, zweieinhalb Jahrzehnte auf die Befindlichkeit eines Teenagers einzudampfen, und halt, halt, halt, habe ich die Finanzkrise 2008, den islamistischen Terror oder die Flüchtlingskrise 2015 vergessen? Bebte nicht da schon der frisch gesaugte Dielenboden? Ja, das BIP sank etwas, die Regierung schnürte Konjunkturpakete. Vor allem aber spürten junge Menschen die leichte Erschütterung ihrer Berufsperspektive. Studenten betonten in allen möglichen Studien ihr Sicherheitsbedürfnis in den Folgejahren.[3] Die Gründerquote erreichte ein Rekordtief.[4] Wir sorgten uns im süßen Alter von achtzehn Jahren um unsere Rente und Bret Easton Ellis ohrfeigte uns als »Generation Waschlappen«.

Doch wie schlimm die Finanzkrise für einige Familien in Deutschland gewesen sein mag – sie bedrohte nicht meine Gewissheit, in einer sicheren, demokratischen, freien Welt zu leben. Während der Flüchtlingskrise achtete die Politik sorgsam darauf, nicht die Wähler zu belasten. Stattdessen packte man die jungen Menschen in Flüchtlingsheime, in Container an Stadträndern, wer es darauf anlegte, für den bestand die »Flüchtlingskrise« aus kurzem Blickkontakt auf der Straße, den Schlagzeilen in den Zeitungen und pathetischen Appellen von pathetischen Schauspielern in Talkshows. Wer freiwillig helfen wollte, war willkommen, aber keine Sorge, sagte der Staat und wedelte beschwichtigend mit den Händen, »wir schaffen das«. Ihr müsst dafür nicht mehr tun, als keine kompletten Rassisten zu werden. Nicht mal das schafften alle.

Was ich allerdings fühlte, war die Ahnung einer Änderung, die durch jene Zehnerjahre wehte. Das Wort »Krise« verdichtete sich in meinen Ohren und mit ihm die Zweifel.

Dass mir dieser Frühlingsabend an der »Bushalte« immer wieder einfällt, hängt mit einer traurigen Erkenntnis zusammen. Die Gewissheit hat sich in eine Sehnsucht verwandelt. Der »Grill« war ein Versprechen. Im Grill schmorte der Wunsch, auch in der Zukunft in Ruhe gelassen zu werden. Dass alles irgendwie schon gut werden würde. Der Wunsch verlor seine Gültigkeit schließlich am 24. Februar 2022.

»Krass, ist das alles krass«, mehr bekam kaum jemand über die Lippen. Die Carbonara dampfte in unsere von Winter und Pandemie gebleichten Gesichter. Wir standen unter Schock, wie alle. Wie Robert Habeck, der plötzlich eine Krawatte trägt, Paul Ronzheimer, der live aus der Ukraine weint, Olaf Scholz, der »zum Volk« spricht. In jenen Tagen sitzt der Historiker Karl Schlögel im warmen Studiolicht von Anne Will, er sagt und klingt dabei fast dankbar: »Irgendwie ist die Wirklichkeit angekommen.« Die Stimme zittert, als er fragt, wo die jungen Menschen sind, die den Internationalen Brigaden beitreten könnten, wie es Hemingway und andere Idealisten während des Spanischen Bürgerkriegs getan hatten. Und ich lese den irren, komplizierten und bitteren Satz von Francis Fukuyama: »Entscheidend war allein die Tatsache, dass der expansionistische Ultranationalismus mit der mit ihm verbundenen Aussicht auf endlose Konflikte, die schlussendlich in einer desaströsen militärischen Niederlage kulminieren, jedwede Anziehungskraft verloren hatte.« Aber genau das war jetzt passiert. Wieder.

Wenn es wahr ist, dass wir in einer »anderen Welt aufgewacht sind«, inmitten einer »Zeitenwende«, und jede Zeit ihre Kinder hat: Zu wem haben uns die friedlichen Jahre erzogen? Und was werden die kommenden aus uns machen?

Ich schlafe schlecht, viele schlafen schlecht und wir wissen, dass unser Schlaf das Letzte ist, was jetzt irgendwen interessiert. Wir tragen dezent blau und gelb, ukrainische Flaggen hängen auf Balkonen oder leuchten hinter unseren Namen auf Instagram und Twitter. Wir googeln Osteuropa, wir staunen über dieses weite Gebiet und unsere geringe Kenntnis und fahren im sorgenvollen Geist die Grenze bis Polen entlang. Das würde er nicht machen, würde er das machen, was würde er überhaupt machen, aber doch nicht die Nato, aber warum nicht die Nato, warum wissen wir denn so wenig. Wir doom-scrollen, manche schalten schon nach wenigen Tagen die Nachrichten ab, andere kleben am Horror auf dem Screen.

Manchmal sagt jemand »Dritter Weltkrieg« und alles löst sich auf, die Frage, ob man den Praktikumsplatz für vierhundert Euro wirklich annehmen sollte und ob man lieber Workcation in Valencia oder auf einer griechischen Insel macht. Eine Freundin erzählt von dem Notfallrucksack, der neuerdings in ihrer Küche steht. Sie tröstet uns mit Neuseeland, wo die Atombombe am unwahrscheinlichsten niederginge. Wir spinnen Apokalypse-Szenarien, bis wir Schnaps bestellen.

Frühjahr 2022, ich sitze in einem Bergdorf nahe des Schliersees neben einem pausbäckigen Teenager mit krausen, langen Haaren. Regen prasselt an die Fenster. Er ist sechzehn und aus dem Krieg geflohen. Er starrt an die Holzwand gegenüber, als er sagt: »Die kennen den Preis der Freiheit nicht.« Mit »die« meint er uns. Die Deutschen. Sie kennen den Preis der Freiheit nicht. Seine Stimme ist tief, aber die stoppelfreien Wangen und die Stupsnase verraten, warum er jeden Tag weint. »Ich bin ein Kind.« Zu Hause hatte er eine Punkband, eine Freundin, einen Lieblingslehrer. Der Smog aus Saporischschja fehlt ihm, die Stadt liegt im umkämpften Osten der Ukraine. Ich interviewe ihn für eine Reportage, erkläre meine Idee, eine Geschichte darüber, wie es ist, Teenager im Krieg zu sein, was es aus einer Jugend mache. Ich sage ihm, dass er das Interview jederzeit abbrechen kann. Er zuckt mit den Schultern. »Ich bin froh, dass ich das erzählen kann.«

Unten im Dorf treffe ich eine junge, schöne Ukrainerin, die Arme und Beine so dünn, dass ich Angst habe, der Hund an ihrer Leine könnte sie jeden Moment zu Boden reißen. Sie hat Krebs, ungewiss, ob sie überlebt. Ihre Schwiegermutter kümmert sich um sie. Ihr Mann ist in der Armee. Francis Fukuyama sagt zu dieser Zeit einem Journalisten der »Neuen Zürcher Zeitung«, dass ein Sieg Russlands fatale Auswirkungen auf die Demokratie hätte und der Krieg eine Erinnerung daran sei, »dass die Welt immer noch gefährlich ist«.

Als ich über die Autobahn wieder nach München fahre, die Berge im Rückspiegel, denke ich, dass der Junge aus Saporischschja Recht hat. Ich kenne den Preis der Freiheit nicht. Ich habe den Preis nie kennengelernt. Ich erinnere mich an einen befreundeten Theaterregisseur in einer spanischen Hafenbar, der seufzte: »Ach, ich liebe die Demokratie« und »die Demokratie« wie ein guter Rosé aus dem Burgund klang. Jetzt tauchen in dieser hübschen Demokratie »Leopard 2«-Panzer auf, »Haubitzen« und »Marder«.

An jenen Frühlingsabenden lockert sich die Schockstarre allmählich, die Diskussionen verändern sich. Sie drehen sich um die Waffenlieferungen (»Eskalationsspirale!«), um die deutsche Scheinheiligkeit, warum man so skeptisch bei arabischen Flüchtlingen gewesen sei, überhaupt lebten die Menschen jetzt einfach ihren Rassismus gegen Russen aus, und haben wir vergessen, was Deutschland mit Waffen angerichtet hat, was ist eigentlich im Jemen los oder in Libyen, hast du da gespendet, siehste mal, du Tunichtgut, und interessierst du dich eigentlich für Syrien?

Ja, wir sind wahnsinnig gut darin, bei Weinschorle

säuberlich auszudifferenzieren, das Problem zerstäubt, in einen Nebel, hinter dem die Klarheit verschwindet, die wir so dringend bräuchten. Die komplizierte postmoderne Welt ist uns vertrauter als eine mit klaren Feinden. Denn genau das ist Putin: ein Feind der Demokratie, wie wir ihn so nah in unseren jungen Leben nie erlebt haben. Wir spüren, dass wir weder den Krieg noch den Pazifismus wirklich verstanden haben. Und im wohligen Nebel lässt es sich leichter weitermachen, im Sommer leuchtet der Aperol Spritz in der Sonne, wir schmieden Urlaubspläne, jemand hat seinen Van ausgebaut, ab und zu plätschert ein »krass« die Flussufer entlang. Was heißt es, in der neuen Welt aufgewacht zu sein, wenn wir so gut darin sind, uns an die alte zu erinnern?

»Es wird nichts mehr so werden, wie es war«, sagt die Forscherin am anderen Ende der Leitung. »Das spüren die Menschen.« Ich will von ihr wissen, was die Dauerprobleme mit uns machen, sie hat in den letzten Monaten Studien geleitet, vor allem mit jungen Menschen, und Studien scheinen mir ein gutes Mittel gegen diffuse Gefühle. Draußen schiebt der Nachbar mürrisch das Laub zusammen. Er schaut immer so, ein krisensicheres Gesicht. »Die Schockstarre ließ sich nach Kriegsbeginn natürlich nicht halten, es gab ja unseren Alltag«, erklärt die Frau vom Rheingold-Institut.

Ich mache mir Notizen auf einem schon beschriebenen Blatt Papier. »Umsatzsteuer voranmelden!« steht da, daneben notiere ich das Wort »Kriegstinnitus«. »Damit bezeichnen wir das Brodeln im Untergrund, das wir hören. Auch wenn wir etwas verdrängen, ist es nicht weg. Uns plagt das Gespenst des Ungewissen«, sagt sie. Ich lese von Jugendlichen, die nachmittags »depression naps« machen, Depressions-Nickerchen. Fast die Hälfte der befragten Vierzehn- bis Neunundzwanzigjährigen gaben bei der Studie »Jugend in Deutschland« an, unter psychischen Belastungen zu leiden.[5] Und Helene Hegemann stellt in einem Interview die Frage der Stunde: »Warum steht gerade eine ganze Generation mit einem Bein in der Klapse?«

Die Zeit erzieht uns. Wer wir sind, hängt auch davon ab, wann wir sind. Jetzt ist Angela Merkel verschwunden und mit ihr der Glaube, dass wir alles schaffen. Wir sind nicht mehr die Verlängerung des Happy Ends. Die Älteren nennen uns »Waschlappen«, »narzisstisch« und »verwöhnt«. Als wäre es unsere Schuld, am Ende der Geschichte aufgewachsen zu sein.

Wir sehnen uns nach diesem Ort, den wir vor der Pandemie verlassen haben, aber den gibt es nicht mehr. #vanlife, während der Kriegstinnitus pfeift. Wir hatten die Hoffnung, man brauche so etwas wie »den Feind« nicht mehr, dass wirtschaftliche Freundschaftsbändchen 4-ever sind. Warum eine starke Bundeswehr, wo wir Gewalt doch verabscheuen? Nur bewies die Vergangenheit oft genug, dass Menschen nicht von einem aufs andere Jahrhundert zen-entspannte Buddhas werden.

»Das Böse ist in der Welt, damit der Mensch das Gute erkennt«, sagt mir Rabbi Josi, der ziemlich gut über ziemlich alles Bescheid weiß und den ich anrufe, wenn ich über etwas Bescheid wissen will. Woher kannten wir die Moral ohne Feind? Einen Gegner zu identifizieren, bedeutet ja, sich zu fragen, wo man selbst steht, eine innere Klarheit, die weniger mit dem anderen als mit den eigenen Werten zu tun hat. An schlauen Abenden reden wir von der Demokratie, von der Freiheit, von den Menschenrechten und der Gleichheit. Aber noch beim Reden ahne ich, dass nichts gesagt ist.

Andi habe ich neulich getroffen. Ein Mercedesstern glänzte auf der nassen Motorhaube, das Auto hatte er gebraucht gekauft. Die Jeans saß nicht mehr so tief, aber gewachsen war er nicht. Seine Verlobte stand neben ihm, steckte sich eine Mentholzigarette an, er gab ihr lächelnd Feuer. Er will bald ein Haus bauen, den Bauplatz hat er schon, nur der Beton ist gerade sehr teuer, ist ja alles teuer geworden. »Muss man mal schauen, wie sich das entwickelt.«

Aber er hat einen Grill. Einen Elektrogrill.

Kapitel 2

Ghosting Geschichte

Wir liefen zur Party über die noch warmen Pflastersteine, vorbei an Spielotheken und Cocktailbars, die bereits Gin Basil Smash auf der Karte hatten. Der Berliner Wedding schien nach Jahrzehnten der Prophezeiung »zu kommen«. Katha aus meinem Dorf war zu Besuch und ich wollte sie vorbereiten: »Pass auf«, sagte ich und senkte meine Stimme, während wir Hundescheiße auswichen. »Da werden viele angehende Künstler sein, unglückliche Wesen. Was auch immer passiert, denk dran: Du bist ein wertvoller Mensch.« Katha trank den letzten Schluck Bier und stellte die Flasche auf die Straße. »Schon gut«, sagte sie. Ich schüttelte den Kopf, sie verstand nicht. »Die Leute werden ernst sein. Wenn sie nicht ernst sind, sind sie ironisch. Und sie werden aus Büchern zitieren, die sie bis Seite 24 gelesen haben, und viele, viele Namen nennen. Wenn sie Camus zitieren, lauf. Wenn sie Sartre zitieren, warte. Wenn sie einen Sartre-oder-Camus-Streit beginnen, lauf.« Wir vereinbarten ein Zeichen, mit dem wir uns gemeinsam von der Party stehlen würden, sollte es zum Äußersten kommen. Ich hätte mir etwas Originelleres überlegt, hätte ich gewusst, dass ich es am Ende brauche.

Auf den Dielen standen Menschen in engen, schwarzen Klamotten, und obwohl den meisten hier ihre Mütter noch die Hosen kauften, sie aus abgeknabberten Avocadokernen subtropische Bäume in WG-Küchen züchten wollten und seit Monaten an einer Hausarbeit verzweifelten, fragte die Gastgeberin mit heiligem Ernst: »Wollt ihr Crémant?« Katha verschwand für die nächsten zwei Stunden, während ich verloren durch die Altbau-WG streifte. Ich stritt mit einem Rollkragen-Träger, er schrie »Heidegger«, ich schrie »Camus«, bis er sich weigerte, ein weiteres Wort zu wechseln. Er starrte noch stumm auf die Tischplatte, als ich nach Feuer fragte.

Der »Crémant« floss inzwischen aus Rotkäppchen-Flaschen und schließlich fand ich einen Stehkreis aus fünf Leuten. Weil auch hier die intellektuelle Schärfe nachgelassen hatte, schlug ich ein Spiel vor: Jeder bekommt zwei Zettel, auf einem steht »Ja«, auf dem anderen »Nein«. Jemand stellt eine Frage, daraufhin werfen alle wahrheitsgemäß und verschlossen ihre Antwort in den Hut. Dann muss jeder schätzen, wie viele »Jas« und wie viele »Neins« in dem Hut liegen, wer wie geantwortet hat, bleibt aber anonym. Ein Spiel, das Annahme und Realität abgleicht, eine soziologische Kleinstudie. Ich holte eine Ikea-Salatschüssel und wir klapperten naturgemäß erstmal versaute Geheimnisse ab. Vier hatten Sex im Club, zwei ihren Partner betrogen, und wir linsten verstohlen einander zu, wer es hier mit mehr als drei Leuten getrieben hatte.

Ein befreundeter Theaterautor, der einzige, den ich in der Runde kannte, unterbrach das Doktor-Sommer-

Panel und fragte: »Okay. Wer hat schon mal rechts der SPD gewählt?« Ein Mann mit Käppi, Typ Avocadokern-Züchter, lachte. »Never. Keiner.« Niemand glaubte, dass irgendwer »rechts der SPD« gewählt hätte. Zur historischen Einordnung: Zu jener Zeit wählte seit über zwölf Jahren ein beachtlicher Teil dieses Landes eine CDU-Frau an die Spitze. Eine CDU-Frau, die nicht nur mit dem Austritt aus der Atomkraft die kühnsten Träume der Grünen durchgesetzt hatte, mit dem Aussetzen der Wehrpflicht noch dem flammendsten Pazifisten der Linken den Oppositionszunder nahm und mit der Aufnahme Tausender Geflüchteter mindestens so viele CSUler zum Weinen brachte, die seither orientierungslos vor ihren Franz-Josef-Strauß-Bildern knieten und warteten, dass er sich endlich im Grab umdrehte.

»Einer«, sagte ich.

»What?«, fragte der Theaterautor und drückte die John-Lennon-Brille auf die Brauen. Ich riss die Salatschüssel an mich und zählte: Fünfmal »Nein«, einmal »Ja«. Die Stimmung veränderte sich. Die Augen wurden schmaler, die Worte frostiger. Die Literaturstudentin mit dem Pony schenkte vorsichtig Rotkäppchen nach, ich nahm einen großen Schluck und sagte: »Ich hab eine Frage!« Ich spürte erwartungsvolle Blicke und Sehnsucht nach Fetischfragen.

»Wer glaubt, dass sein Opa ein Nazi war?«

Ich kann mich nicht mehr genau an die Reihenfolge erinnern. Ob erst der Käppimann schrie, er müsse jetzt eine rauchen, oder der Kletterkollege sagte, wie »unangebracht« er das alles findet, ob dann die Literaturstudentin Sekt verschüttete oder erst jemand die Zettel zerknüllte und dann jemand »das ist doch eine totale Scheißfrage« fluchte und ich rief, man könne doch über alles reden. Die Salatschüssel blieb leer, die Zettel flogen auf den Boden, die anderen gingen rauchen und ich schrie Katha zu, dass »wir zum Flieger müssen«. Unser Zeichen.

Auf dem Heimweg sah ich Katha im milchigen Licht der U-Bahn an und fragte mich, warum wir nie darüber sprachen, was unsere Großväter gemacht hatten. Wo waren sie in der Reichspogromnacht? Hatten sie Juden getötet? Wollten sie in den Krieg? Litten sie im Schützengraben? Ich wusste von keinem meiner Freunde, von denen wahrscheinlich wirklich niemand rechts der SPD gewählt hatte, was deren Großeltern gemacht hatten. Ich selbst wusste es damals nicht so richtig. Was war denn die deutsche Erinnerungskultur, dachte ich, als wir in die frische Nachtluft ausstiegen, wenn sie zwar mit ihren Dokumentationszentren, Archiven, Gedenkstätten, Museen diese Nation als Ganzes, ihre individuellen Einwohner aber kaum etwas anging?[1] Die deutsche Schuld, ein Wald ohne Bäume. Wir können die Hälfte aller deutschen Parteien zur Gesinnungseinheit verschmelzen, über Sex in Clubs reden, aber auf gar keinen Fall darüber, was die eigenen Großeltern gemacht haben. Was hat es auch mit mir zu tun? Aber was hat dann überhaupt mit mir zu tun, wenn nicht die eigene Familiengeschichte? Und besteht eine Demokratie nicht aus all diesen Familiengeschichten?

Ein übles Gefühl beschlich mich. Irgendwie hatten wir die Geschichte *geghostet.* Und nicht nur sie.

Zu dieser Zeit hatten weder Geschichte noch Geschehen Einfluss auf mein Leben.

Geschichte war Entertainment, ein verblichenes Bismarck-Bild oder ein Besuch in der Gedenkstätte Dachau, aber auf jeden Fall nichts, was unsere kleinen Leben beeinflusste. Ein unabhängiger Zeitstreifen, der mit Sicherheitsabstand parallel zum eigenen verlief. Die »Tagesschau« war eine Sendung. Ich schaute Nachrichten in der Mediathek mal morgens an, mal nachmittags, scrollte über Online-Zeitungen in der Bahn, immerhin aus irgendeinem Pflichtbewusstsein gegenüber der Welt, ich ahnte ja, dass wir beide nochmal miteinander zu tun haben würden. Manche glaubten, Kacheln auf Instagram ersetzten Artikel, Zeitungen las man kaum, zu dick, zu wenig Zeit, »mit einem Abo muss ich mich echt für *eine* Zeitung entscheiden«, man ging morgens lieber joggen oder hörte Musik oder Podcasts, unterhielt sich auf WhatsApp mit seiner Mutter, achtzehn Leuten aus der Gruppe »Laras Bday« und antwortete Lorenz, dem letzten Tinder Date, was ja ganz nice war, verabredete sich zum Bouldern am Wochenende. Das Leben war eine persönliche Angelegenheit. Ein Synonym für »meine Biografie«. Nachrichten waren Nachrichten, weggeschlossen in Zeitungen, Radios, dem Berliner Fenster in der U-Bahn. Wir wiegten uns im Glauben, der Fortschritt sei ein unaufhaltsamer Prozess.

Aber schleichend klopfte das Weltgeschehen an unser Bewusstsein. Mit träger Düsterkeit beobachteten wir, wie die Globalisierung ihr unschuldiges Antlitz verlor, wie Terroranschläge Europa verunsicherten, wie Rechtsnationale Rassismus als identitätsstiftend begriffen.

Und Henning May von der authentizitäts-vernarrten Pop-Band »Annenmaykantereit« singt 2016, als sich die Gegenwart scheinbar wie »Reichstagsbrand« anfühlt: »Ich bin keiner von denen, die weiter wissen, ehrlich gesagt, ich krieg selber nie was geschissen.« Viel war »extrem belastend«, Henning May »weiß nicht, Mann«, Trumps Wahl machte uns »fassungslos«, wir predigten »insane«, bissen in rosa gebratene Biopatties, fuhren abends zurück in unsere Wohnungen, putzten Zähne und legten uns schlafen. Wir sahen die üblen Zeichen, aber wussten nichts mit ihnen anzufangen. Wir hatten die Gelassenheit verloren, wir sprachen stets persönlich, aber unsere Haut berührten die Worte selten.

»Nicht sich verstecken / vor den Dingen / der Zeit / in die Liebe // Aber auch nicht / vor der Liebe in die Dinge«

Als ich zum ersten Mal das Gedicht von Erich Fried las, hatte ich nicht verstanden, wie sich jemand in den »Dingen der Zeit« vor der Liebe verstecken kann. Ich verstand, wie man sich in der Liebe vor den Dingen der Zeit verstecken konnte. Ich kenne Menschen, die sich in der Arbeit, in der Perfektion ihrer Bolognesesoße, auf den Kanaren, beim Surfen, »Game of Thrones«, in Fitnessstudios, Weed, Vans, Kryptodeals, Bouldern oder im Sekundenkitzel von Tinder, Bumble und OkCupid vor der Liebe verstecken. Aber niemals in den »Dingen der Zeit«.

Wir waren Einzelbiografen geworden. Unsere Körper duften von Alverde bis Paul Gaultier, bräunen sich am Strand von Tel Aviv und sitzen in Eliteunis am Pazifik, steigen in ICEs zum Praktikum nach Frankfurt, schleichen sich aus warmen Betten in Hamburg und legen sich unter kühle Leinentücher in Rom, aber sie bleiben das unverrückbare Zentrum des eigenen Kosmos. Wir hatten vergessen, dass Größeres Einfluss nehmen konnte als Flugtickets nach Asien. Gemeinsame Ideen erreichten uns nur abstrakt. Links fand man »ACAB« gut, wir posteten vage politische Werte neben Urlaubsfotos, Rechts verband sich gegen »Linke-Moralapostel«. Aber Zusammenhänge bildeten wir nicht. Die Annexion der Krim, der Cyberkrieg Putins gegen Europa, Trump, alles schlimme Momentaufnahmen.

Uns fehlte ein kollektives Bewusstsein. Wir hatten verlernt, uns in der Welt einzubetten, und das ist ein Problem. Wir lebten in einem Modus, den die Soziologin Eva Illouz »Hypersubjektivität« nennt. Laut Illouz haben wir uns zu »Selbst-Unternehmern« entwickelt, geprägt vom Kapitalismus, der uns lehrt, flexibel zu bleiben und jederzeit gehen zu können, um uns woanders weiterzuentwickeln. Die Bindung zwischen Händler und Kunde ist im modernen Kapitalismus wie mit Zuckerwatte gewebt, weder Bekanntschaft noch Vertrauen noch Loyalität spielen eine Rolle und sie löst sich auf, sobald der Geschmack nachlässt. Das verwandle uns in »permanente Selbstunternehmer, die sich nur auf sich selbst und ihre psychischen Ressourcen verlassen können«.

Illouz' Ausgangspunkt ist nicht die Politik oder die Geschichte, sondern die Liebe. Denn selbst die Liebe optimierten wir ohne jegliche Loyalität inzwischen auf unsere Bedürfnisse hin. Abwanderung ist eine Prämisse von Beziehungen. Wenig ist heute so einfach wie abzuhauen. Und nie waren wir versuchter abzuhauen. Ob aus dem Netflix-Abo oder der dreiwöchigen Bumble-Beziehung. »Wir haben ein tolles Angebot für Sie!« lässt sich genauso wegklicken wie »Ich hätte zwei Kinotickets, hast du Lust«, wenn das dritte Date nicht so gelaufen war, wie man es sich vorstellte, der Sex irgendwie doch nicht so toll, und er *ernsthaft* schon mal auf einem Andreas-Gabalier-Konzert war. Unbefriedigte Bedürfnisse sind laut Illouz »ein Grund, emotionale Distanz zu verspüren«. »Ghosting« schlich sich in die Sprache und den Alltag: die wortlose Entknüpfung einer Verbindung, die uns zu nichts verpflichtet hat, nicht mal dazu, »Tschüss, bist nicht mein Typ« zu sagen.

Beziehungen haben an Bedeutung verloren. Und ich glaube, damit auch unsere Beziehung zum Weltgeschehen. Beides gehört zusammen: die Herz- und die Welteinsamkeit.

Wenn wir in allen Lebensbereichen, in der Liebe, der Arbeit, im Konsum darauf trainiert sind, jederzeit gehen zu können oder zu müssen, uns auf uns selbst zu verlassen, wie sollen wir in einer Gesellschaft zu gemeinsamen Gedanken kommen? Wie verknüpfen wir unser individuelles Leben mit Weltereignissen? Die Entscheidungen, die auf uns zukommen, verlangen Verantwortung. Auch die von uns Hyperindividualisten. Nur funktioniert Verantwortung nicht mit der Option, jederzeit abhauen zu können.

Für unser Losgelöstsein gibt es viele, viele komplizierte Gründe. Das ist natürlich schon lange klar, die Gleichzeitigkeit leidet an der Individualisierung, auch wenn ich morgens um halb zehn in Deutschland in mein »Knoppers« beiße. Was ist schon Kontext? Wir schauen Tarantino ohne Kino, kochen Caponata ohne Sizilien, hören Songs ohne Album, trinken Bier ohne Alkohol. Wir diskutieren in Filterblasen und Netzwerken, wir scrollen den halben Tag über Seiten, deren Inhalte allein an unseren individuellen Interessen ausgerichtet sind.

Ausgerechnet Jürgen Habermas, der Skeptiker der Massenmedien, fürchtet in seinem jüngsten Buch um den »inklusiven Sinn von Öffentlichkeit«, und auch er kommt zu dem Gedanken, dass es nicht besonders gesund für das Entstehen eines kollektiven Bewusstseins sein kann, wenn der Nachrichtenkonsum ausschließlich über TikTok, Instagram oder Twitter erfolgt: »Einerseits scheint sich bei exklusiven Nutzern sozialer Medien eine Weise der halböffentlichen, fragmentierten und in sich kreisenden Kommunikation durchzusetzen, die deren *Wahrnehmung von politischer Öffentlichkeit* deformiert«. Und da kann man sich schon fragen, was passiert ist, dass sich die aufklärerischen Zeichen der Frankfurter Schule umgekehrt haben. Nicht mehr das Allgemeine, Gleichmacherische ist jetzt gefährlich fürs

Gemeinwohl, sondern die zunehmende Individualisierung. Und ja, irgendwie hat man geahnt, dass uns Instagram nicht politisch bildet, aber aus der Feder Habermas' ist die Kritik der Individualisierung doch beängstigend.

Das Leben in der Hand haben. Selbst Regisseur zu sein. So glaubte ich, dass es funktionieren muss. Dass ich so funktionieren muss. Ich setzte mich in einen Flieger nach Tel Aviv, knipste frühmorgens das Licht an und sah eine Kakerlake in der Dusche sitzen, weil ich mich so entschieden hatte. Ich beendete meine Beziehung, zog aus der gemeinsamen Wohnung aus und lag an einem kalten Februarabend allein auf einer Couch, weil ich es so vorhergesehen hatte.

Dieser Glaube, kontrollieren und optimieren zu können, welche Stationen die eigene Biografie wann und wie durchläuft, auf diesem Fundament bauten wir unsere Lebensentwürfe. Und genau dieser Glaube verschwand mit dem russischen Angriffskrieg. Politische Abhängigkeiten verwandelten sich zu eigenen, persönlichen. »Der Krieg und auch die Pandemie sind große Kränkungen für die Menschen«, erklärt mir die Psychologin des Rheingold-Instituts. »Denn wir sehen, dass wir das Leben nicht in der Hand haben. Wir sind plötzlich gezwungen, uns mit den Krisen auseinanderzusetzen. Das sind wir nicht geübt, das ist für viele schwierig, die dann vor allem Ohnmacht, Wut, Enttäuschung fühlen.«

Wer, fragte ich mich im Februar 2022, war Putin für mich? Ein lustiges Kalendermodel, das oberkörperfrei durch die Taiga ritt? Er diente uns an seligen Bierabenden als Diktator-Sidekick. Aber hatten wir an Nawalny gedacht, den Mord mitten im Berliner Tiergarten, die Annexion der Krim? Die Pipelines, Nord Stream 2? Hatte ich es einmal geschafft, Putins blutleere Lippen bis zu meiner Heizung zu verfolgen? Natürlich nicht. Und jetzt starre ich auf die schwarze Schneeflocke am Hahn. Jeder Millimeter, den ich aufdrehe, fühlt sich wie Verrat an »unseren Werten« an. Genau da sitzt der Schmerz. Nicht auf der Gasrechnung, meinem Zettel im persönlichen Kosmos. Sondern im Zusammenhang, der in meiner Kurzsichtigkeit untergegangen war. Wissen wir alle, warum wir frieren? Wolldecke um die Schultern, der Rücken vom Winterwind und von falschen Entscheidungen gekrümmt?

Wir mögen in Zeiten der Hypersubjektivität vergessen haben, dass abstrakte Ideen eine gemeinsame Kraft besitzen. Nach Francis Fukuyama setzt eine Gesellschaft politische Prioritäten nach dem »Reich des Bewusstseins« und weniger nach den materiellen Gegebenheiten. Genauso sei unsere liberale Demokratie entstanden. Zuerst glaubten Menschen an sie, dann wurde sie Wirklichkeit. Die Demokratie – ein »ideologisches Erbe der Menschheit«. Und das beweist die Geschichte: Dieses Erbe ist schmerzhaft erarbeitet und hat seit jeher Konkurrenz.

Genau deswegen ist es gefährlich, wenn wir uns von der Welt nach Laune entknüpfen, wenn wir denken, dass nur wir allein das »Leben in der Hand haben« – wie soll eine Demokratie aus »Selbstunternehmern« funktionieren? Wir müssen lernen, dass Ideen aus einem kollektiven Bewusstsein die Welt prägen, nicht unsere Regieleistungen, mit der wir auf Instagram unser Selbstverständnis kacheln.

Es ist mindestens schlechtes Timing, wenn der Philosoph Julian Nida-Rümelin eine »globale Demokratiekrise« diagnostiziert und gleichzeitig in Hunderten Kommunen Bürgermeisterkandidaten fehlen, die Volksparteien verschwinden, die Wahlbeteiligung, gerade unter jungen Menschen, niedrig ist[2] und das Vertrauen in Institutionen und unser System an sich während der Pandemie schwer gelitten hat.[3]

Und es ist erstaunlich, wie wenig Wirkung die Vergangenheit auf die Gegenwart hat. Etwa im Umgang mit jüdischen Kontingentflüchtlingen aus der Sowjetunion, die im Alter in Deutschland verarmen, weil der Staat die Rentenleistungen aus der Sowjetunion nicht anerkennt. Oder die mangelnde finanzielle Unterstützung für Holocaust-Überlebende in Deutschland samt bürokratischer Kälte.[4] Und hätte es ein Gauland nicht schwerer, die Wehrmacht zu glorifizieren, wüssten die Deutschen um ihre persönliche Geschichte? Wüssten wir um die Komplexität, den Schmerz und die Widersprüchlichkeit in unseren Familien, der sogenannten »Mitläufer«? Die Verantwortung auch in sich zu spüren, bedeutet Selbstwirksamkeit in dieser Welt zu spüren.[5]

Es sind ja nicht nur die Geschichten, die eine Generation an die nächste weitergibt. Traumata lassen sich vererben, können transgenerational weitergegeben werden. Als ich zu schreiben begann, fragte ich nochmal einige Freunde, ob sie wussten, was ihre Großeltern im Krieg erlebt hatten. Die Antworten waren gemischt.

Ein Opa ist als Achtjähriger beim Eierholen in eine Grube gefallen. In dem Moment knallte es, ein Schuss, ein toter Soldat fiel auf den kleinen Jungen in der Grube. Die Geschichte erzählte er seiner Tochter erst spät unter Tränen.

Der andere Opa war alt genug, um eingezogen zu werden. Er hatte einen Daumen verloren, mehr wusste der Freund nicht. Ein anderer Freund sagt mir am Telefon, er hätte sich nie dafür »interessiert«. »Warum?«, frage ich. »Ich weiß es nicht. Ich hatte nie das Gefühl, es hätte mit mir zu tun.« Ich erzählte ihm von vererbbaren Traumata, ich fragte ihn, ob er kein einziges Mal im Geschichtsunterricht, als der Holocaust auf dem Lehrplan stand, an seine eigenen Großeltern gedacht habe? »Nein, irgendwie nicht. Meine Großeltern waren für mich abstrakte Figuren, zu denen ich keine Verbindung hatte.« Von jenen abstrakten Figuren hatte sich später einer umgebracht, eine war aus Polen geflohen und hatte kleine Kinder sterben sehen. Alte, ferne Geschichten. Er hatte sie abgekapselt von sich. Die Biografie glatt, flach, dabei lehrte doch der Schmerz-Existenzialist Nietzsche: »Nur was nicht aufhört wehzutun, bleibt im Gedächtnis.«

Natürlich will der Mensch negative Gefühle vermeiden, es ist anstrengend, auf einer WG-Party über Nazi-Opas zu reden. Es tut weh, sich mit den Schatten in der eigenen Familienhistorie zu beschäftigen, wenn die Helden darin fehlen. Als ich mich mit einer Bekannten unterhielt, erzählte sie fast zwanzig Minuten von ihrem britischen Großvater, an welcher Front er im Schützengraben saß, wie oft sie nach dem Krieg umgezogen waren, was ihn prägte. »Und die Deutschen?«, fragte ich. Sie zuckte mit den Schultern. »Von denen weiß ich fast nichts, die haben nie viel erzählt.« Was war auf der Party also passiert, dass all diese schönen, schlauen, mindestens-SPD-linken Menschen auseinanderstieben, als hätte ich verschimmelte Eierbrote ausgepackt? Sie hatten das In-Bezug-Setzen verdrängt, die alten Geschichten sauber weggepackt. Der abstrakte Wert »Mindestens-SPD« lässt sich leichter verdauen, und kokettieren dürfen wir relativ risikolos in sexueller Wildheit. Solche Werte vertragen sich hervorragend mit der Hypersubjektivität. Sex und SPD, das hat doch was mit uns zu tun. Dabei sind Familiengeschichten die persönlichste und direkteste Verbindung zum Ende des Faschismus. Und dem Beginn dieser liberalen Demokratie, die wir zu lange als selbstverständlich wahrnahmen.

»Mach dir keine Sorgen«, sagt Dave zu mir, als wir die feuchten Gläser entgegennehmen und uns unter einen Heizstrahler setzen. Dezember in Tel Aviv, der Sommer weicht aus der Stadt. Ich kenne Dave seit zwei Jahren, ein unfassbarer Musiker und, was ich erst langsam verstand, unfassbarer Liberaler, voll Skepsis gegenüber staatlichen Eingriffen. Sein Großvater lebte auf einer großen Farm in El Salvador, als kommunistische Guerillakämpfer den Hof stürmten. Die Männer drohten, seine Tochter umzubringen und seine Frau zu vergewaltigen. In letzter Sekunde traf das Militär ein und erschoss die Revoluzzer. Es herrschte Bürgerkrieg. Noch am selben Tag packte er eine Tasche, ließ alles zurück und floh mit einem kleinen Kind an der Hand in die Vereinigten Staaten. Dort baute er sich ein neues Vermögen auf, arbeitete hart und hat heute wunderschöne Enkel.

Bis heute verteidigt eines davon, nämlich Dave, die Kraft des eigenen Schaffens gegen jede soziale Steuerreform. »Aber wie machst du das mit der Krankenversicherung?«, fragte ich. »Was ist denn mit deiner Rente?« Sein Kontostand näherte sich mal wieder der Null, ich verstand den Zyklus aus Arbeit und Musikmachen-bis-zur-Pleite nicht. »Pass auf«, sagte er und krümelte Gras in die offene Zigarette. »Ich bekomme all diese Briefe und ich schau sie nicht mal an. Ich leg sie in eine Schublade. Und sobald ich genug Geld habe, schick ich all diesen Leuten ihr scheiß Geld und sag, dass sie mich verdammt noch mal in Ruhe lassen sollen.«

Mein Umsatzsteuer-Voranmeldungs-Hirn überschlug, wie viel Geld er dadurch unnötigerweise verlor, da stieß er das teure Bier gegen meins. Ich lehnte meinen Kopf an die Wand der Uganda-Bar, benannt nach der alten zionistischen Idee, den Staat Israel in Afrika zu gründen, und schaute auf die noch gebräunten Gesichter, die einem immer etwas tiefer und länger entgegensahen als in Deutschland. Die meisten hier kannten sehr genau die Geschichten ihrer Familien, die Krisen, die Traumata, die auch ihr junges Leben prägen. Ich verstand, dass Dave gar nicht anders konnte, als auf sich selbst zu vertrauen, dass er niemals mit einer Staatsrente plante. Er zündete sich den Joint an. Die Angst vor dem Kommunismus würde er noch seinen Kindern vererben. Er würde in Deutschland wahrscheinlich rechts der SPD wählen. Aber immerhin, dachte ich und lächelte, hatte er genug Argumente gesammelt. Drei Generationen lang.

Kapitel 3

Serious Shit

»Wem es nicht gelingt oder wer nicht dazu bereit ist, das Böse abzustufen, könnte leicht zum Diener des Bösen werden.« Amos Oz

Honigmelone tropft auf mein Bein, als etwas in mir erlischt. Vom See schallt Kinderkreischen, Wasser klatscht ans Ufer, ein Fußball trifft auf nackte Füße. Der Jahrhundertsommer trocknet Sorgen vom Gesicht, da höre ich meine Mutter kichern. Ich schirme meine Augen mit der Hand und schaue auf das Magazin, über das sie sich schmunzelnd beugt. Sie liest die Kolumne des konservativen Dauergrantlers Harald Martenstein.

»Was gibt's da zu lachen?«, frage ich. Sie zuckt mit den Schultern.

»Ist lustig!«, sagt sie.

»Das ist doch nicht lustig.«

Ich richte mich auf. Ich habe die Kolumne bereits gelesen. Es geht um das Deutsche Technikmuseum in Berlin und dessen neuen Slogan. Statt der männlich wie kolonialistisch assoziierbaren Version »Für Entdecker« lautet er jetzt: »Einfach für dich«. Natürlich ideologischer Wahnsinn für den Kolumnisten und völlig an der

Realität vorbei gedacht. Denn Frauen würden sich sowieso weniger für das Museum und die ausgestellte Technik interessieren als Männer. »Da hat er Recht«, sagt meine Mutter, ohne vom Heft aufzuschauen.

Ich hole Luft, wo soll ich da anfangen, denke ich, in diesem Strudel von Stereotypen und Klischees und Sexismus und überhaupt, was fiel sie mir jetzt in meinen zarten Frauenrücken, und während die Hirnwindungen heiß laufen, presse ich in bemühtem Diplomatenton hervor: »Das sind sehr umstrittene Aussagen.« Aber meine Mutter lacht weiter, die Augen immer noch am Text. »Von meinen Freundinnen mag da auch niemand hin. Die lassen immer ihre Männer allein gehen«, sagt sie. Ich lege das Stück Melone weg, Saft läuft über meine Finger. Jetzt gibt es verschiedene Optionen. Ich könnte meiner Mutter das Heft wegnehmen und sagen, dass sie das nie wieder lesen darf. Für Erwachsene über vierzig ungeeignet.

Ich könnte erklären, warum solche Aussagen Geschlechter-Vorurteile vertiefen, könnte mit »strukturellen Problemen« argumentieren, wovon eine Struktur die permanent schlechte Laune eines Mannes ist, die er zu Geld macht und der sich dabei mit einer Ich-gegen-das-linke-Zwangsmatriachat-Geste tapfer auf die gealterte Brust haut, und das Bemühen einer immerhin staatlichen Institution, postkoloniale Theorien zu respektieren, via Polemik vergoldet, für ein Honorar, von dem jüngere Autorinnen (ich) vermutlich nur träumen, ich könnte jetzt von Sozialisierung samt Schulunterricht und Spielzeugen reden, könnte Judith Butler zitieren, und dann hätte ich noch nichts über das »böse« »Entdecker«-Wort und das Kolonialismusgetätschel gesagt, das meine Mutter nicht mal bemerkt hatte.

Ich beobachte den feinen Mund meiner Mutter. Ich weiß, dass sie Eichhörnchen an heißen Tagen Wasserschüsseln in die Bäume stellt und für den Naturbund Vögel zählt. Dass sie ehrenamtlich in der Gemeinde arbeitet, für Dorffeste Kirschkuchen backt und Freundinnen stundenlang am Telefon zuhört, wenn sie Probleme mit ihren Männern haben. Dass sie schimpft, wenn Bäume im Sommer vertrocknen und wieder irgendwo Industriebrühe ins Meer fließt. Dass sie Kaugummipapierchen von der Straße aufhebt.

Sie hat ein Herz für Spatzen, und ich, die es nicht mal schafft, den Müll zu trennen, wedle mit moralischer Überlegenheit. Will sie auf meine Seite ziehen, obwohl sie gar nicht verstanden hat, dass sie sich in einem Kampf befindet. Und dann, ich krame schon nach einem würdigen Anfangssatz für mein Plädoyer, kommt mir ein irrer Gedanke: Lass es. Lass den gut bezahlten Lonely Wolf über progressive Ambitionen lästern, lass meine Mutter lachen, iss Melone, geh schwimmen. Vielleicht hat sie Recht, vielleicht hat Martenstein Recht, vielleicht haben Frauen wirklich weniger Bock aufs Technikmuseum. Was, wenn wir alle ein bisschen Recht haben?

Was, um Gottes willen, soll's?

Mir waren Glaube, Laune, Lust vergangen. Es war Sommer 2022 und meine Diskurslibido am Nullpunkt.

Vielleicht lag es an der Frage einer feministischen Freundin, die Frauenrechte bis zum letzten Beinhaar verteidigt, ob ich ihr die Sache mit Sophie Passmann erklären kann. Die Autorin und Komikerin Sophie Passmann hatte wenige Tage zuvor einer Zeitschrift ein Interview gegeben und darin gesagt, dass oft die Repräsentation einer Sache im Internet wichtiger sei als die Sache selbst. Sie bezog sich an dieser Stelle auf Antirassismus und stellte infrage, inwiefern diese Art des medialen Aktivismus, das Teilen rassistischer Erfahrungen Einzelner, wirklich helfe. Das Ergebnis: »Shitstorm«, Empörung, Großbuchstaben gegen »weißen Feminismus«, Passmann entschuldigte sich, half nichts, im Gegenteil, sie löschte ihren Twitter-Account.

Etwa zur gleichen Zeit lese ich die Nachricht eines Vaters an eine andere Freundin. Der Vater zieht darin Parallelen zur »Weimarer Republik«, weil der Song »Layla« nicht auf dem Oktoberfest gespielt werden soll. Der Song handelt von einer »Puffmutter«. Seine Tochter wiederum sorgt sich um die Demokratie und wittert in der Layla-Front die neue NSDAP. Mit meinem eigenen Vater rede ich seit Wochen nicht mehr, irgendwo zwischen dem Wort »Weiber« und postkolonialer Theorie war der Faden gerissen. Julian Reichelt twitterte fröhlich gegen die »Zwangsmaus«, Boomer, Klimaaktivisten, Gutmenschen, Impfgegner schrien sich an.

Im Land wimmelte es von Fronten, Feinden und unversöhnlichen Gegnern, so schien es. Und irgendwann in dieser Keifzeit höre ich an einem lauen Sommerabend in Berlin-Kreuzberg, wie junge Mindestens-SPD-Linke ihre hübschen Hälse Richtung Vergangenheit wenden und zwei Namen beschwören. Ich habe diesen Ruf oft gehört, den Ruf nach zwei Politikern, zwei Namen wie Versprechen, ich hörte ihn von Älteren wie Jüngeren, und irgendwann höre ich ihn von mir selbst, höre, wie ich mit liebevoller Sehnsucht säusele: »Wehner und Strauß«. Was war das? Woher kam diese Verkitschung von Figuren, die wir höchstens aus Phoenix-Dokus kannten? »Feinde, die sich respektierten«, murmelten wir gefühlig. Wir sehnten uns also nach Herbert Wehner, dem ehemaligen SPD-Helden, die Pfeife zwischen den ernsten Mund gepappt, das Gesicht vom Qualm gerahmt, der seinen Rivalen die Steigerung von »Quatsch« präsentierte (»Quätscher«), der es schaffte, mit einer einzigen Rede und der Aussage »Der Strauß ist geistig ein Terrorist!« die gesamte Unionsfraktion aus dem Plenarsaal zu kehren. Und nach dem CSU-Mann alias Es-darf-kein-Rechts-neben-mir-geben-Nazi-Staudamm Franz Josef Strauß, der wie ein bayrischer Gebirgsschweißhund von »Sauhaufen« kläffte und den Kommunisten in Wehner erschnüffeln wollte. Was steckte hinter der pappsüßen Ikonisierung der Bonner Polter-BRD?

Wir hatten ja genug, worüber wir diskutieren konnten. Habeck schüttelte Scheichs die Hände in Katar, russische wie ukrainische Soldaten starben im Krieg, Städte fielen, Häuser zerfielen, deutsche Atomkraftwerke sollten vielleicht doch nicht abgeschaltet werden, Deutschland drohte die wirtschaftliche Rezession. Statt uns Fragen zu widmen, auf die es ankam, statt die große Orientierungslosigkeit, die in Deutschland herrschte, mit Gesprächen zu erfassen, zog der Sommer in Banalitäten vorbei. Bis zum Twitter-Tod stritt man über schlechte Feministinnen, Dreadlocks, Winnetou, das »I-Wort«, Gender-Professuren in Berlin, Sauflieder. »Layla« wurde zur Jeanne d'Arc vom Ballermann, der ehemalige Berliner Bürgermeister Heinz Buschkowsky forderte einen Winnetou-Gipfel, der bayerische Vizehäuptling Hubert Aiwanger, auf dessen Revier sich immerhin eine der wenigen Ideen zur Bewältigung der Energiekrise befand, nämlich das Atomkraftwerk Isar II, twitterte, jetzt hätten die linken Verbotsbeschwörer »aufs Maul bekommen«.

Journalisten, Künstler, Väter, Töchter, Twitter-Celebrities und Politiker suhlten sich im flachen Debattengewässer. Der Produzent des Songs »Layla«, Ikke Hüftgold, der auch für die Werke »Dicke Titten, Kartoffelsalat« oder »Unten kommt die Gurke rein« verantwortlich zeichnet, schrieb »sein erstes Essay« in der »Zeit« (vorher habe er »nur Essig gekannt«). »Layla« sollte auf manchen Volksfesten nicht gespielt werden. Hüftgold fürchtete »Zensur«, zog Parallelen von Afghanistan bis zu düsteren Geschichtskapiteln und appellierte, wir sollten »in jeder Sekunde in unserem eigenen Land für die Freiheit kämpfen«. Man sah das Lied auf dem Scheiterhaufen brennen, die Deutschen zogen mit dem Lineal schnurgerade Verbindungen zu 1933, auf Social Media trendete «#freelayla«.

Ich blickte über das strohgelbe Gras, das sich die Ufer entlangzog, fasste an meine heiße Stirn und ließ mich aufs Handtuch fallen. Wenn links wie rechts, wenn der Vater meiner Freundin (eher Strauß-CSU) wie seine

Tochter (mindestens links der Wehner-SPD) bereit waren, bei etwas, das aus der Feder Ikke Hüftgolds (»ich kannte vorher nur Essig!«) stammt, die Weimarer Republik ins Feld zu führen, dann hatten wir ein Problem. Wir hatten uns die falschen Feinde gesucht.

Schwalben jagten durch den blauen Himmel und ich dachte: Nein, wahrscheinlich gab es nie einen schlechteren Zeitpunkt für einen Diskurs-Exit. Nur wie weitermachen? Der Philosoph Peter Sloterdijk diagnostiziert eine »lähmende Harmlosigkeit sämtlicher gängiger Diskurse«. Und das, obwohl sich Katastrophen abzeichneten und »Ungeheuerliches in der Luft« liege. Dabei findet sich zur Abwechslung eine echte Parallele zur Weimarer Republik. Auch in den 1920er-Jahren sei »politischer Streit« immer mehr als »Gezänk« empfunden worden und die Demokratie als ein »mangelhaftes Problemlösungsinstrument«, sagt der Autor Harald Jähner. »Die Deutschen konnten sich nicht mehr hören.«

Und auch ohne Furcht um den Systemzerfall ahnte ich, dass meine Verdrossenheit ganz und gar nicht gut war. Dass es nie ein gutes Zeichen ist, wenn die Menschen sich gegenseitig bis zur Erschöpfung lähmen. Die Neugierde, die Begeisterung, die Lust am Austausch, wo war sie? Auf argumentativ hochspannende Diskurse wie Gendern, ein Thema, das unfassbar viel Mitredepotenzial bietet wie Ästhetik, Semiotik, die Frage von Abbildung der Realität in der Sprache, Ökonomie, Flexibilität, Lesbarkeit, reagierten die meisten nur noch mit Augenrollen, hämischem Gelächter oder Seufzen. Hatten wir das Interesse am anderen völlig verloren?

»Die Welt ist chaotisch. In ihr gibt es Ambiguitäten. Menschen, die wirklich gute Sachen machen, haben Fehler. Und Leute, gegen die man kämpft, könnten ihre Kinder lieben und Gemeinsamkeiten mit dir teilen.« Dieser grundsätzliche Appell stammt nicht etwa von Konfliktmanagern während einer Intifada in Jerusalem, sondern von Barack Obama im Jahr 2019. Die Studenten lachen vor der Bühne, als Obama von falschem »Aktivismus« spricht, vom kompromisslosen Verurteilen, aber der ehemalige US-Präsident schaut mit seinen dunklen, ernsten, staatsmännischen Augen ins Publikum. Es war nichts weniger als ein dringlicher Schrei, sich wieder verstehen zu wollen, etwas Erde in den tiefen amerikanischen Graben zu schaufeln. Was war geschehen, dass ein Ex-Präsident etwas so Selbstverständliches – nämlich, dass auch die, deren Meinung wir nicht teilen, Menschen sind, die es zu respektieren gilt – mit solcher Vehemenz verteidigen musste? Worüber zerstritten sich denn alle eigentlich?

Die heftigsten Debatten in meiner Studentenzeit drehten sich fast ausschließlich um moralistische wie kulturalistische Themen. Gender, Rassismus, Postkolonialismus, Sexismus, Quotenfragen. Bevor ich an die Journalistenschule ging, glaubte ich, wir würden dort morgens über den Besuch der Bundeskanzlerin in den USA diskutieren, über die Entwicklung des Atomabkommens, Landtagswahlen, über Talent oder Unfähigkeit deutscher Minister, die wir immerhin alle für die Aufnahmeprüfung auswendig gelernt hatten. Ich war gerade aus Israel zurück und es gewohnt, über Politik zu diskutieren, über Geschichte, Siedler, Gesetze, Waffen, Religion, Sozialpolitik (der billigste Scheibenkäse kostet über vier Euro in Israel!).

Jetzt habe ich die Journalistenschule hinter mir und erinnere mich an kaum eine Meinung über Wirtschaft oder Außenpolitik, über Positionen von Politikern, die nichts mit oberflächlichen Fauxpas zu tun hatten. Ich erinnere mich auch an den Druck, an unsere Sorgen, an lange Gespräche über den richtigen Praktikumsplatz. Es gab politische Debatten. Wir waren bereit, bis zum Eklat zu gehen, wenn wir in Zwischentönen von Dozenten Rassismus witterten. Die Boomer waren schnell Feinde, sie hielten nicht Schritt mit unseren Forderungen, zu alt, zu weiß, zu unflexibel.

Wir hatten in unseren Diskussionen eine gewisse Selbstsicherheit, immerhin hatten wir die Moral auf unserer Seite, wussten, was richtig und was falsch war. Ich selbst reagierte öfter radikal. Der Sexismus, den ich seit jungen Mädchenjahren kenne, raubte mir die Besonnenheit und, ja, natürlich hatten es manche Geniejournalisten, diese Götter auf Weiß, nicht anders verdient, die seit Jahrzehnten mit rauschhaftem Selbstverständnis die Zeitungsseiten breitbeinig besetzten. Wir stürzten uns auf unachtsame Sätze der Älteren, zerlegten ganze Mittagspausen lang unüberlegte Boomerbemerkungen, ließen die Raumtemperatur Richtung Gefrierpunkt rasseln, wenn jemand noch nie etwas von BIPoC gehört hatte.

Ich glaube, dass Radikalität legitim ist, um Verhältnisse zu kippen. Verhältnisse, die jahrhundertelang unter sanftem Zureden nicht mal kippelten. Die Lust am Falschverstehen ist Teil jener Radikalität. Aber ich glaube, jede Radikalität braucht ihre Zeit. Die Zeit, in der ich mir unüberlegte Radikalität leisten konnte, mir Feinde suchen durfte, die mir nahestanden, ist vorbei. Denn sie fordert eine stabile Demokratie, eine klare Perspektive, ein breites Vertrauen in die Institutionen. Das alles verschwand mit der Pandemie, dem Krieg, den sich häufenden Problemen und dem Krisenmosaik vor unseren Augen.[1] Es verschwand, während die allgemeine Lust, sich falsch zu verstehen, wuchs. Die Zukunft verlangt von uns mehr als lauten Moralismus. Wir werden an keinen Ort zurückkehren, an dem uns Russland, Taiwan oder die Inflation egal sein können. Und an dem wir uns risikofrei gegenseitig moralisierend abstrafen können.

Im Haus-Chat eines Bekannten fragte ein Nachbar, ob ihm ein Mann helfen könnte, sein Moped zu schieben. Prompt antwortete jemand, ob man diese Frage gendersensibel stellen könnte, »nicht alle Herren sind kräftiger oder irgendwas als Frauen«. Aus Erfahrung kenne ich die Variante genau andersherum: Bitte vergeudet meine kostbare Zeit nicht mit irgendwelchen Sternchen. Manchmal sehe ich im Geist ältere Männer mit Stoppuhr vor dem Fernseher sitzen, während sie Claus Klebers Binnen-Is verfolgen, nur um die Sekunden aufs Jahr hochzurechnen und schließlich erbost mit einem Hab-ich's-mir-doch-gedacht-Gesicht ihrem Lebensalter abzuziehen. Mein Vater weigert sich, Nachrichten zu schauen, in denen gegendert wird, das sei reine Zeitverschwendung (schaut sich aber gleichzeitig Wiederholungen von Deutschland gegen England 1972 in *voller Länge*).

Täglich investieren wir tonnenweise politische Energie in Fronten, die wichtig sind, aber dieses überhöhte Maß an Aufmerksamkeit mit nichts rechtfertigen. Während wir uns in kulturalistische Fragen verbeißen, steigen weltweit die Immobilienpreise, wächst die Zahl der Superreichen rasant, klettert das weltweite Privatvermögen auf einen Rekordstand, steigen die Opfer von partnerschaftlicher Gewalt in Deutschland[2], stieß China 2021 fast zwölf Milliarden Tonnen CO_2 in die Luft und verursachte fast ein Drittel der weltweiten Emissionen, erreichen die deutschen Staatsschulden einen historischen Rekord, droht ein Krieg zwischen Armenien und Aserbaidschan, schließen Krankenhäuser aufgrund von Personalmangel und zu hohen Kosten, fehlen Tausende Handwerkerinnen oder Pfleger, vergehen Lebensjahre von geflüchteten Menschen in der Türkei und Griechenland in Lagern, deren größte Hoffnung die Angst der Politiker ist, dass die eingefrorene Übergangslösung taut, prügeln Polizisten im Iran Frauen nieder, warnen Historiker, der Konflikt um Taiwan sei »brandgefährlich«. Und Putin schickte seine Truppen an die ukrainische Grenze.

Wir interessierten uns all die Jahre wenig für die Pipeline durch die Ostsee, schauten im seligen Bierdämmer Deutschland gegen Schweden im Sotschi-Stadion an der Schwarzmeerküste, füllten die russische Kriegskasse, hofierten russische Oligarchen. Warum stritten wir in den Zehnerjahren so wenig über Putin? Warum interessierte uns das nicht mindestens genauso wie Sexismus, Feminismus, Antirassismus? Warum lag unsere politische Priorität nicht auch in Kiew, bei Chameini, den Entscheidungen der Europäischen Zentralbank?

Eigentlich wollte ich Wolfgang Merkel nie anrufen. Merkel ist ein hochschlauer Mann, forscht seit Jahrzehnten zur Demokratie, aber ich lernte ihn anders kennen: Er war einer der ersten Unterzeichner des offenen Briefs an Olaf Scholz im April 2022 gegen Waffenlieferungen in die Ukraine.[3] Eine Haltung, die ich bis heute für grundfalsch halte. Ich spürte den Reflex, Wolfgang Merkel abzuheften, in ein Fach, in dem neben Beleidigungen Vorwürfe hallten (»Wie kann er nur« bis zu wüsten Unterstellungen »Diktatur-Ermöglicher!«). Es waren jene Impulse, die ihm öffentlich entgegenschlugen, auf Twitter, von Journalisten. Und jetzt, an einem Herbsttag, an einem Zeitpunkt, an dem die Ukraine strategisch wichtige Städte zurückerobert hat, auch *dank* der Waffen, die Europa und die USA lieferten, wollte ich ihm am liebsten zurufen: Sehen Sie, Sie ahnungsloser, leichtsinniger, verblendeter Möchtegern-Pazifist?! Ich zweifelte am Menschen an sich, obwohl ich über etwas ganz anderes als die Ukraine mit ihm reden wollte. Wie binär codiert war ich inzwischen? »Die Grautöne verschwinden«, sagt Merkel. Er sagt es mit der sonoren Stimme und langjährigen Expertise eines Wissenschaftlers, aber kurz glaube ich, der Satz sei an mich persönlich gerichtet.

»Bei Fragen um Religion, Identität und Gender haben sie eine glasklare binäre Codierung. Kompromisse sind fast nicht möglich.« Es stimmt, unsere Gesellschaft ist politisch polarisiert. Und zwar in fast allen Themen. »Wir diskutieren immer mit einem moralistischen Subtext. In der Ukrainefrage, der Impffrage, der Klimafrage. Das sind zwar auch ökonomische, gesundheitspolitische Konflikte, aber nicht in der Debatte. In der Debatte behandeln wir sie als moralistische Konflikte.« Statt uns zum Beispiel bei Corona um medizinische, ethische, sozioökonomische Fragen zu streiten, verfallen wir in ein Gut-Böse-Schema. »Freiheit« gegen »Diktatur«. In unversöhnliche, absolute Werte.

Aber warum? Klar, der Vorteil einer binären Logik sind die schnellen Gefühle. Ich fühlte ja selbst die plötzliche Eindeutigkeit, als ich Merkels Namen unter dem offenen Brief las. Moralistische Debatten sind spannender, emotionalisierender, aufreizender als das Zerren um Kompromisse. Und natürlich war es für uns verlockender, mit augenblicklichen Gefühlen als mit Zusammenhängen zu streiten. Wir Einzelbiografen oder, wie Eva Illouz sagte, »Selbstunternehmer«, deren Seelen die Geschichte nie berührte, vergessen schnell, wer für den Mord im Tiergarten verantwortlich ist.

Wir denken augenblicklich, unsere Aufmerksamkeit ist punktuell. Was uns interessiert, ist das, was uns emotionalisiert und womit man in der eigenen Gruppe punkten kann. Auch deswegen hängen wir auf Social Media neben unseren Namen ein schwarzes Herz, die Regenbogen-Flagge, Europafahne oder ein Bakteriensymbol. Politik als Emoticons. Annika, Europaflagge, Regenbogenfahne, »(she/her)«. Schnelle Verschlagwortung, wer hat denn heute noch Zeit, Diskussionen zu verfolgen? Zeig mir dein Profil und ich sag dir, wer du bist.

Aber all die Themen, die in der Zukunft lauern, bergen Widersprüche, verlangen komplexe Lösungen. Das kostet Kraft. Und braucht eine andere Form der Politisierung. Vielleicht eine leisere, vorsichtige, fragendere. Auf jeden Fall eine, deren Antwort nicht aus dem persönlichen, glutheißen Inneren (»ich kenne Karl May, seit ich ein Kind bin, ich weiß ganz sicher, er ist kein Rassist!«) stammt. Sie verlangen Kompromisse und damit das Eingeständnis, dass Fragen mit »gut« oder »böse« nicht ausreichend beantwortet sind. Wie diskutiert man über den Kopftuchzwang in einem muslimischen Land, ohne sich in deutsche Lagerpolitik zu chauffieren (»Islamophob« vs. »Regime-Verklärer«)? In Wolfgang Merkels Jugendzeit, erzählt er, diskutierte man zum Beispiel über Tariffragen: ein Thema, das offen für Kompromisse ist. Um »Mehr oder Weniger« statt um »Alles oder Nichts«, »Moralismus hatte da keinen Platz«. Aber wie soll beim Thema Impfpflicht ein Kompromiss gefunden werden, wenn bei diesem Wort in manchen Köpfen schon die Spritzen-SA aufmarschiert?

Ja, man könnte das unter »Verdummung« abheften, dahinter steckt aber etwas Gefährlicheres. »Politik wird zu Kult«, sagt der amerikanische Psychologe Robert Sternberg. Ich spreche mit ihm auf Zoom. Sternbergs Haare sind schlohweiß, er sieht müde aus zu Hause vor der Holzwand nahe der renommierten Eliteuni Cornell, an der er lehrt. Er zupft an den roten Hosenträgern und reibt sich über das Gesicht, als plagten ihn seine eigenen Worte. Die abnehmende intellektuelle Integrität bereitet ihm große Sorgen. »Die Menschen nutzen ihre Intelligenz nur noch für das, was sie brauchen, um ihren Glauben zu stützen«, sagt er. Widersprüchliche Details, Fehler spielten keine Rolle mehr, was zählt, ist, dass es in die eigene Argumentation passt. Die gemeinsame Bezugswelt verschwindet, an der man Widersprüchlichkeiten aufdecken könnte. Aus Gegnern, die man ansehen, mit denen man streiten muss, sind Feinde geworden. Jana aus Kassel wähnt sich auf einer Corona-Demo als »Sophie Scholl«, »Virologen« sind Feinde, »Boomer« sind Feinde, weiße Cis-Männer sind Feinde, Flüchtlinge sind Feinde, Feministinnen sind Feinde. Dabei ignoriert man mit absoluter Fangerechtigkeit Widersprüchlichkeiten. Ob man selbst foult, mit unfairen Mitteln siegt, spielt keine Rolle mehr. »Es ist ihnen einfach egal«, sagt er. »Die Menschen interessiert die Wahrheit nicht mehr. Sie interessiert nur noch die Mitgliedschaft ihres Kults.«

Als ich ihn frage, was seine Studenten über diese Entwicklung denken, seufzt er. »Ich staune, wie wenig Ahnung die meisten haben. Sie wissen überhaupt nicht, was in der Welt vor sich geht. Ich war von 1968 bis 1972 in Yale und du konntest nicht Student sein und nicht Bescheid wissen. Die Jungen interessieren sich heute vor allem für ihre Noten.« Ich nicke, aber schweige. Wie lange hatten wir über Praktikumsplätze gesprochen? Wie lange über den Iran oder die Ukraine? Und wie konnte es sein, dass mich im Jahr 2015 ein Date fragte, »was oder wer« Assad ist?

Wir müssen Haltungen entwickeln zu komplizierteren Themen, als wozu die zum Meinungsduell auffordernden sozialen Medien locken, zu Themen, die vielleicht nicht intuitiv und lebensnah sind und für die man mindestens mal Zeitung lesen müsste. Weltmeisterschaften in Katar, Olympische Spiele in China, zur Frage, was uns der Wohlstand und diese Demokratie wert sind. Ein Beispiel: Klar können wir auf Boomer schimpfen, auf »Karstens« und auf das Recht auf eine Teilzeitstelle bestehen. Wir können gegen den Mythos »Aufstieg durch Überstunden« rebellieren, remote auf Bali arbeiten, achtundzwanzig Stunden die Woche. Denn nein, der Grill ist kein Versprechen mehr. Der Status unserer Eltern, der Aufschwung, die Zeit ist kein Laufband, das uns sanft nach oben trägt, zu ewigen Terrassenabenden mit Aperol Spritz. Aber wir können diese Schnute nicht ziehen, ohne uns zu fragen, was wir Jungen leisten wollen in einem Deutschland, dem ein historischer Wirtschaftswandel bevorsteht, Verlust von Kaufkraft, was Forscher inzwischen recht banal zusammenfassen unter: »Deutschland wird ärmer.«

Die Vier-Tage-Woche oder der Wunsch, keine Führungsverantwortung zu übernehmen,[4] mögen wie nachvollziehbare individuelle Entscheidungen wirken, aber vergrößern sich in der Frage nach dem BIP und der Abzahlung von Staatsschulden, die man auch mit Rüstungsausgaben im Ukrainekrieg verursacht hat, zu einer gesamtgesellschaftlichen. Und wie viel können wir in Zukunft in die Nato-, die EU-Kasse einzahlen? Wir arbeiten nicht nur für die Renten der Boomer, wir arbeiten auch für Luftschutzfilter in Schulen, für Panzer in Saporischschja, für eine fähige transatlantische Bündnisverteidigung. Aus gewissen Themen können wir uns gar nicht mehr raushalten. Unsere Teilzeitstelle ist politisch. Denn wir brauchen eine Antwort auf die Frage, wie wir einen wirtschaftlichen Abstieg gestalten möchten, müssen neue Ideen entwickeln für eine Gesellschaft mit weniger Aufschwung und einer jungen Generation, die weniger arbeiten möchte. Es ist gut zu wissen, was man nicht will. Aber noch wichtiger ist es, zu wissen, was wir wollen. Und was wir zu opfern bereit sind. Wem wollen wir die Politisierung überlassen in einer sich verschärfenden Ungleichheit zwischen Arm und Reich? Ohnmacht ist eine schlechte Antwort auf ausländische Immobilienunternehmer, die langjährige Mieter aus den Innenstädten kehren. Wut eine gefährliche.

Zum Menschen an sich und zur Demokratie gehört Widersprüchlichkeit. Der Ruf, der eines Nachts übers Kreuzberger Pflaster hallte, der Ruf nach Strauß und Wehner war nichts anderes als der Wunsch nach dem Sich-gegenseitig-Aushalten, egal wie unausstehlich man sich findet und egal mit wie vielen Brathendln im Bauch einem der andere Beleidigungen entgegendonnert. Die beiden kannten die fundamentalen Unterschiede, die sie trennten, sie waren gezwungen, sich ernst zu nehmen, Widersprüche auszuhalten, statt hirntote Sätze konsequenzlos auf das andere Lager zu werfen. Aber es sind nicht mehr die Volksparteien, die die heftigsten Gefechte führen, nicht mehr Pfeife paffende Bonner Männer, sondern die breite, weite, individualisierte Gesellschaft. Wir.

Antidemokratische Kräfte wissen das gegenseitige

Wundreiben sehr gut zu nutzen. Wenn wir uns mit den Werten niedermetzeln (»die wollen die Demokratie abschaffen!«), wegen derer die Metzelei stattfinden kann (die Demokratie), geht der Wert kaputt. Wir streiten um die Frage der Kunstfreiheit, weil wir sie haben. Genau das versuchen unsere wirklichen Feinde, echte Feinde der Demokratie – nicht Ikke Hüftgold! – zu beschwören. Putin lästert, wir würden unsere eigenen Autoren abschaffen, inszeniert eine angebliche Verkommenheit und Selbstzerfleischung des Westens durch seine Freiheiten. Absurd wie erlogen, betrachtet man die dauerhafte Chartplatzierung von »Layla« oder die Verkaufs- und Veröffentlichungsmöglichkeiten einer J. K. Rowling.

Wenn Rechtskonservative die schleichende Abschaffung der Demokratie wittern, weil ein Song nicht gespielt wird, ähnelt das Putins Argumentation. »Layla« oder »Untergang des Westens«. Alles oder nichts. Dabei müssen wir uns nicht in diese Debatten auf Tod oder Leben stürzen. Wir entscheiden, welchen Worten wir Gewicht geben, welche Texte wir lesen, wem wir unsere Aufmerksamkeit schenken. Worüber wir uns aufregen und was wir meinen dazu sagen zu müssen.

Meine Mutter las die Kolumne übrigens gar nicht zu Ende. Sie gähnte, legte das Heft weg, reckte das Gesicht in die Sonne und fragte: »Wollen wir ein leichtes Weizen trinken?« Wir liefen zum Kiosk, gossen Bier ein, der Schaum türmte sich cremig, da erstarrten wir mit der Flasche in der Hand. Schrille Stimmen schallten übers Wasser. Eine Gruppe vielleicht fünfzehnjähriger Mädchen hüpfte auf einem Floß in der Mitte des Sees, warf die steckendünnen Arme in die Luft und kreischte: »schöner, jünger, geiler«. Da war sie: Layla. Meine Mutter sah mich an, schüttelte den Kopf, und dann tauchte dieses wunderschöne, feine, nachsichtige Lächeln auf ihrem Mund auf: »Jetzt singen sie dieses Lied.« Sie prostete mir zu, diese Frau mit Bier, die mit Weizenglas vor dem Bauch jedem »Brigitte«-Cover widersprach. Ich nickte. Ein Lied, mehr war es nicht.

Kapitel 4

A Scroll in the Life

»I read the news today, oh boy.« *John Lennon*

8:16 Uhr, Torte klebt in König Charles' Augen, Schlafsand in meinen. Das Display verschwimmt, die Bettwärme zieht mich zu sich wie ein zärtlicher Liebhaber. Müdigkeit zupft an den Lidern, nochmal in die Decke kuscheln, Camilla strahlt, strahlt wach, alle immer so wach, strahlt royal im blassblauen Kleid, Sahne pappt an der Wachsfigur, das Bild zerrt an meiner Meinung, »Just Stop Oil« auf dem Shirt der Klimaaktivistin, #dummheit über ihrem Kopf, ist das Politik oder muss das weg, weiß nicht, wer sind die Verrückten, die oder wir, wollte doch schon aufgestanden sein, muss die Fragen fürs Interview durchgehen, 234. Kriegstag, Dreivierteljahr, macht das noch was mit mir, fluche nicht mehr, wie behält man einen Schock, wie verhindert man, so ein abgestumpftes Arschloch zu werden, einfach weiterwischen, Bomben auf Kiew, draußen die Oktobersonne, die halbe Stadt joggt schon den Fluss entlang, diese edlen Windhunde, scrolle, streichle die Wange von Christian Lindner – »wir befinden uns im #Energiekrieg. CL« – wer unterschreibt Tweets mit Initialen, steht doch der Name drüber, werde wacher, Guten Morgen leichtes Angstgefühl – «(white person voice) inshallah« – hab ich das schon mal gesagt, inshallah, safe, neue Nachricht, warum nur eine, interessiert sich niemand mehr für mich – »na wie läufts« – Katha, warum ist die schon wach – »Der Rechtsruck ist da, weil ihr ganz einfach darauf Bock habt. Steht doch wenigstens dazu!« – hab wenig Bock auf Rechtsruck, fühl mich trotzdem gemeint, Herr Vater schickt einen Link – »so gut« – Beatles oder Harald Schmidt, bitte Schmidt, Vögel zwitschern draußen im Hof, Jack Dorsey, Twitter-Erfinder, Silicon-Valley-Held, hat längst meditiert – »personal care« – dazu ein Eisbad und kein Essen bis abends, OMAD, One-meal-a-day-diet, klar, dass sich hier morgens schon alle hassen, werde ich jemals der Mensch sein, der um acht Uhr längst »personal care« gemacht hat und warum nicht und was wäre besser wenn – »wenn Jesus heute leben würde, wäre er morgen tot« – God (They/Thy), like?, nein, kein like, nicht so früh Spuren hinterlassen, sich der Welt verraten, lieber im Schlafanzug an allen vorbeischleichen, bist du aufgeregt, schreibt mein Cousin. Ja, antworte aber nicht. 8:18 Uhr, bin wach.

So endet es, das große Versprechen, das durch die Zehnerjahre wie eine leichtfüßige Ballerina tanzte und uns den Weg in die große Freiheit weisen wollte. Ich weiß nicht, wo sie hin ist, vielleicht ist sie jetzt alt, methsüchtig und hängt im Rabbit-Hole, aber was davon übrig ist, küsst mich jeden Morgen so sanft wach wie ein Rudel hungriger Rottweiler.

Nach zwanzig Jahren steige ich desillusioniert aus

dem Bett. Jaja, das Internet ist nicht an allem schuld, und man will jetzt nicht wie Tante Ina klingen, die Studien zitiert, weil sich ihr Sprössling wegen »Feesbook« nichts aus dem Matheunterricht merken kann, aber da lasse ich nicht mit mir reden, ich kenne mehr Menschen, die unglücklich über die sozialen Medien sind, als solche, die glücklich damit sind. Nein, das Sichverbinden wurde nicht leichter, die Zeit nicht mehr und die Teenager tendenziell trauriger. »Ich bin zu viel am Handy« ist der Klingelton der Generation Social Media, ein ziemlich nerviger Monoton, der uns irgendwann unbemerkt mit einem Jamba-Spar-Abo untergejubelt wurde. Freundinnen löschen sich von Instagram, kehren zurück, löschen sich, kehren zurück. Das Hobby Internet ist gleichzeitig das, das uns am meisten stresst und uns trotz Prophezeiungen nicht mehr Freunde gebracht hat.[1] Auf Twitter kündigt man eine »Auszeit« oder »Pause« an, als bekleide man ein wichtiges Amt und spräche vom Balkon zum Volk, dabei fiele das absolut niemandem auf. Man denkt selten, Mensch, mich hätte Annkathrins Meinung zu Richard David Precht bei Markus Lanz sehr interessiert, aber die ist grad nicht da. Annkathrin, du kannst einfach in den Urlaub fahren.

In jenem anfänglichen Versprechen der sozialen Medien lag die Hoffnung auf kollektive Kraft. Darauf, sich so fest zu verbinden, dass man die Ungerechtigkeit aus ihren Angeln heben kann. Ich spürte das Gewicht, #metoo, Arabischer Frühling, ich spüre die Idee dieser Kraft jetzt, bei den Frauen im Iran und den Videos, die Geschichten erzählen, die wir sonst vielleicht nie hören würden. Und doch wuchs das Misstrauen gegen Plattformen in den Händen von Männern mit ungesundem Selbstbewusstsein, deren Interesse weniger das Verbinden guter Gedanken, das gemeinsame Gespräch zu sein scheint als einzig meine ewige Aufmerksamkeit.

Und was soll ich sagen? Meine Aufmerksamkeit ist bestechlich, weniger interessiert an komplizierten Ideen als an Ryan-Gosling-Gifs und erhältlich ab einem Like (bitte, bitte lasst einen da). Es gibt wenig auf dieser Welt, was der magnetischen Macht meines Smartphones standhält. Der Zug schleicht im Frank-Walter-Steinmeier-Tempo in den Bahnhof, mein Vordermann steckt an der Kasse die EC-Karte falschrum, jemand hat ein schlechtes Gefühl für Pointen, zack, meine Finger recken sich nach dem Gerät in der Manteltasche. Nicht nur meine Hand, vor allem meine Gedanken schnellen bei fast jeder Erfahrung zu Instagram oder Twitter, tauchen in den Text- und Bildstrudel, gleichen alles mit der Zentrale für Dopamin-Beratung ab, die zwischen Herz und Hirn jettet.

Mein eitles Erleben wirft einen prüfenden Blick in den Spiegel, na, wie sieht das aus? Lustig? Uncool? Sexy? Cringe? Gehen wir damit live? Natürlich will ich heiß aussehen auf Instagram, will auf Twitter als politisch gut erkannt werden, die Plattformen belohnen genau damit meinen hungrigen Narzissmus. Niemand belohnt mein Schweigen. Niemand belohnt meine Vorsicht. Niemand belohnt Widersprüchlichkeit. Niemand belohnt meinen Zweifel, Zerrissenheit, mein Nicht-Urteil. Und niemand belohnt meine Nackenstarre, meinen Schlaf oder dieses Gefühl, ins Hotelzimmer zu kommen und sich vom Universum auf einem dunkelblauen Teppichboden ausgespuckt zu finden.

10:15 Uhr. Kasse bei Penny, Explosionen über Odessa, deutsche gegen iranische Munition, Drohnen zerfallen wie Sternschnuppen, #AirDefenceForUkraine – »3,49 bitte« – die Kassiererin lächelt so aggressiv, als müssten wir den Laden verdammt nochmal fröhlich verlassen – »Diese ukrainischen Grannies geben ihr letztes Erspartes, um von russischen Soldaten vergewaltigt werden zu dürfen«, die Lippen des russischen Fernsehmoderators kräuseln sich – »Zettel brauch ich nicht« – die Kassiererin nickt, ihr kastanienbrauner Pferdeschwanz schwingt, am Kittel steht »Anna« – »frisch gebackenes Brot ist eine der größten Freuden im Leben« – Elon Musk vor einer Stunde, 120 000 Likes – »Sparen Sie jetzt mit der XXL-Packung Mühlenhof frische Hähnchenbrust-Filets« – »Die Lebensgrundlagen fliegen uns um die Ohren« – »noch einen wunderschönen Tag« – der Mann hinter mir knallt eine Palette Dosenbier aufs Band – »Ihnen auch«.

Die Demokratie ist nicht allein das Ergebnis von Kämpfen, Verhandlungen, dem Sturm auf die Bastille. Sie ist vor allem ein Ergebnis unseres Geistes. Vor dreißig Jahren erklärte Francis Fukuyama den Sieg der Demokratie mit der »Sphäre des Bewusstseins«. Menschen hätten die extremsten Nöte ausgehalten, alles, was sie dafür brauchten, waren Ideen. Diesen grundsätzlichen Gedanken leiht sich Fukuyama von Hegel. Für Hegel existierte keine wirkliche Trennung zwischen »materieller« und »ideeller Welt«, zwischen dem, was wir sehen, und dem, was körperlos in unseren Köpfen schwebt. Ich schreibe das, auch um mir selbst klarzumachen, wie fundamental das Bewusstsein für mein Verständnis der Welt ist, ich vergesse es zu leicht in dieser diffusen Zeit.

Für den Psychoanalytiker Viktor E. Frankl gehörte der Geist neben Körper und Seele zu den drei Dimensionen, die den Menschen ausmachen. Er ist für ihn die Trotzmacht des Menschen gegen äußere Umstände. Denn genau jener Geist, jenes Bewusstsein, erlaubt es dem Menschen, sich von sich selbst zu distanzieren, Selbstkontrolle über die Möglichkeiten eines Sinns zu erhalten. Er lässt über den eigenen Tellerrand blicken, uns über eine Außenbetrachtung spüren, was dem eigenen Leben Sinn gibt: »Der Mensch ist nicht frei von seinen schicksalhaften Bedingungen, aber frei, zu diesen Bedingungen Stellung zu nehmen.« Diese Fähigkeit ist der Anfang unserer psychischen Gesundheit, unserer Freiheit und unserer Demokratie.

Aber wie raffe ich mein Bewusstsein zusammen, wenn ich nicht mehr weiß, wo es liegt? Wenn ich jetzt auf die Krisen blicke, dann fehlen uns nicht materielle Ressourcen, sondern ideelle. Zum Beispiel ein kollektives Bewusstsein für die Klimakrise. Dass man die weltweite CO_2-Bilanz eher kaum durch individuelle Schönheitskorrekturen in der Gegend Prenzlauer Berg senkt und nicht durch Klagen im Wachsfigurenkabinett oder Kartoffelbrei auf Monet-Gemälden, sondern die Intelligenz mehrerer Kontinente dafür nötig ist. Wir brauchen unser Bewusstsein, um zu wissen, für was wir einstehen und wie. Nur zerstückeln das Fotos, Nachrichten, Meinungen in immer kleinere Häppchen. Es klebt inzwischen verteilt auf Webseiten, am Weißwein an der Riviera, verfängt sich in lauten Stimmen, im ständigen Triller des Alarms, der aus allen Richtungen schallt, und mir das Denken abnimmt. Warum gibt es im Internet so viel Meinung und so wenig Ideen?

Es gibt noch ein Problem, das meinen Kopf so träge, so gelangweilt, leicht apathisch durchs Netz gleiten lässt. Wir denken kurzfristig statt langfristig. Unsere Aufmerksamkeit hängt im Internet häufig in der unmittelbaren Vergangenheit, ich habe das Gefühl, das alles schon mal gehört und gedacht zu haben, alle Meinungen, alle Argumente zu kennen. Die Informationen ersticken meine Erfahrung.

Wie sollen wir in die Zukunft denken, wie sollen wir Lösungen finden, wenn wir den halben Tag in der Vergangenheit stecken? Wenn so viel Energie ins Verfolgen von Hashtags fließt, die ein paar Stunden, vielleicht ein paar Tage durch unsere Timelines lodern, bis sie erlöschen. Wenn wir unsere Energie dafür verwenden, schnelle Helden und schnelle Feinde zu schaffen? Aufmerksamkeit ist immer eine Entscheidung. Und sobald wir uns *für* etwas entscheiden, entscheiden wir uns *gegen* sehr viel anderes. Das ist nicht anders als in der Liebe.

Alles, was mir das Internet als Perspektive bietet, sind vage Horrorszenarien der Zukunft, aber welche konkreten Konsequenzen ich daraus ziehe, weiß ich nicht. Es ist ein komisches Gefühl aus Angst, Sinnlosigkeit, Empörung, Langeweile und Neid auf diese extrem heiße Bikinifigur, das mir nebenbei eine authentische Chance auf Gegenwart raubt. »Ich glaube trotzdem, dass für uns alle die Zeit brüchiger wurde und schwerer zu fassen war, als das Internet soziales Medium wurde«, schreibt der Historiker und Yale-Professor Timothy Snyder, der sich fragte, weshalb wir in den Zehnerjahren stumm dabei zusahen, wie die Katastrophen am Horizont aufzogen. Und damit erfasst er ziemlich gut die allgemeine Zerfetztheit meines Geistes.

13:24 Uhr, »Wer Kunst attackiert - verachtet die Freiheit« - »Wer #Merz wählt, kann jederzeit mit Höcke aufwachen« - »Wenn Linke nicht mehr linken Unfug twittern, dann sterben Menschen« - »Rassismus ist keine Meinung« - »Das ist, was ein Mensch heutzutage ist: Du schaust auf dein Handy und dann stirbst du«, sagt Matty Healy auf YouTube, »Sprecher der *Millennials*«, sagt »The Rolling Stone«, relevantester Popmusiker, sage ich, schminke mich fürs Interview, dezent, etwas Puder, zartrosa Lippenstift, soll bloß keiner denken, man hätte versucht, besonders auszusehen, um sich allein vor den Laptop zu setzen. »And I was 25 and afraid to go outside / a Millennial that Baby Boomers like«, schreit Matty aus den Boxen, Plastiksound, scharfe E-Gitarre, ob ich mit Handy in der Hand sterbe? - »weil es gerade unerträglich geworden ist, habe ich meine Tweets für den Moment geschützt. Es war zu viel« - »Elon Musk muss sterben« - ob Matty clean vom Heroin ist? - »my Generation wannna fuck Barack Obama« – stimmt – »Männer werden niemals das fühlen, was eine Frau fühlt« – »ich bin jetzt schon so müde von morgen«.

Social Media ist der Ort, an dem ich mich am häufigsten politisch zeige oder so tue, so genau weiß ich das nicht mehr. Es ist der Ort, an dem die meisten meiner Freunde und Follower sich politisch zeigen oder so tun. Hashtags, Links, Fotos, Artikel, so genau lassen sich Performance und Politik nicht mehr trennen. Die Likes für einen Post gegen Rassismus zahlen erstmal auf mein Dopaminkonto ein, nicht auf das von Diskriminierten.

Der Grat zwischen guter Absicht und narzisstischer Egobefriedigung ist schmal. Klar ist das fatal, der Begriff des »Virtue Signaling«, den vor allem Konservative früh für sich entdeckten, bezeichnet das Zurschaustellen der eigenen Tugenden. Und leider sind wir Menschen, und Menschen sind fehlerhaft und diese Menschen wollen Resonanz, Engagement, Likes. Gerade Populisten haben das ziemlich gut drauf. Die sozialen Medien sind eine Bühne, wie viele Situationen in unseren Leben Bühnen sind: das Büro, S-Bahn, Restaurants, Bars. All diese Orte implizieren gewisse Codes, Rollen und Regeln. Aber die Trennung zwischen privater und öffentlicher Person verwischt im Internet. Wir fühlen uns wie der Protagonist unserer Geschichte, glauben, ein Publikum unterhalten zu müssen, glauben, eine einzigartige Stimme zu sein, glauben, die Nachricht über unser neues Profilbild rauscht als Eilmeldung durch die Timelines. Wie groß muss die eigene Messung der Bedeutung sein, wenn Julian

Reichelt in seine Twitter-Bio schreibt, als wäre er der Terminator oder Batman: »I'm back.« Das ist einfach keine gute Geschichte. Das ist hoffnungslose Selbstüberschätzung.

»You're making an aesthetic out of not doing well / and mining all the bits of you you think you can sell / whilst the fans are on.« The 1975

Es fällt mir zunehmend schwer, spurlos zu leben. Zu wissen, welches Erlebnis auch ohne Zementierung im Internet zählt. Und ich frage mich, wem mein Bewusstsein gehört. Dem Moment mit meinen Freunden? Mir? Den Followern? Der Welt? Social Media hat meine Sprache und mein Denken verändert. Ich habe keine Ahnung, wie die Bowl mit Ziegenkäse wirklich *schmeckt* und was ich dabei *fühle*, aber wenn ich es gepostet habe, wird die Erfahrung klar, kodifizierbar. *Ich teilte meinen Salat und sah, dass es gut war.* Mein Leben findet mindestens so viel im Internet wie in der sogenannten »Öffentlichkeit« statt, es ist sinnlos, die Welt in »echt« und »virtuell« zu trennen. »Even if you distance yourself from Facebook, you still live in the world that Facebook is shaping«, schreibt die amerikanische Essayistin Jia Tolentino. Egal, wie oft ich mein Handy in den Flugmodus schalte, mich »ausklinke«, die Welt bleibt eine, in der 4,62 Milliarden Menschen Social Media nutzen. Selbst Patti Smith. Selbst die Experimentalpoetin, die lieber hungerte als einer Erwerbsarbeit nachzugehen, selbst Patti fucking Smith ist inzwischen auf Instagram.

14:04 Uhr, schwarze Locken rotieren am Bildschirm, er ist es. Matty Healy erscheint auf meinem Laptop und die authentischsten Augenringe der Popwelt. Nach links gedreht, kippt kopfüber, rechts. »Sound verbindet«, ich winke, Matty winkt, er lächelt, sitzt auf einem Sofa, zu Hause in London?, warten auf den Ton, was dampft da, bestimmt CBD. Das Video hakt, meine Hand zuckt zum Handy, fass es nicht, konzentriert bleiben, jetzt keinen Weltmüll, »ich will alles Nutzlose, Abgestorbene, Überflüssige eliminieren: dem Augenblick ganz geben«, im Zweifel Virginia Woolf. Mattys Lippen bewegen sich, der Mund steht halb offen, die Haare liegen oben. Er blinzelt, das blasse, magere Gesicht intim nah an der Kamera, wir blicken aneinander vorbei, nie in die Augen des anderen. »Kannst du mich sehen?«, sagt er und: »Bist du okay?«

Vielleicht die zwei essentiellsten Fragen, die man einem jungen Menschen gerade stellen kann.

Es gibt nicht mehr viel, mit dem man sich urplötzlich und ohne gute Erklärung verbunden fühlt, und ich glaube, »The 1975« ist sowas. Eine Band, die die Fragmentierung der letzten zehn Jahre sehr genau beobachtet, vertont und Lösungen vorgeschlagen hat, »We should stop watching shit in bed« zum Beispiel. Und irgendwas kommt da auf sehr besondere Weise an, das zeigen YouTube-Kommentare unter ihren Videos, in denen man sich wundert, dass Menschen echt sind, die echte Geschichten erleben: »It's so crazy reading the comments about all these stories and realizing that all these people are real and reading it feels like I'm listening to them telling me these stories face to face and we are all here connected because of this one song.«[2] So eine Band ist »The 1975« und so jemand ist der Frontmann Matty Healy. Sie erinnern ab und zu daran, dass wir *echt* sind.

Ich: »Auf eurem letzten Album gab es einen Song mit Greta Thunberg. Du hast geschrien, wir sollten aufwachen. Wir müssten aufhören, Müll im Bett anzuschauen. Jetzt, na ja, jetzt klingt es, als wären wir am Arsch und das Letzte, was bleibt, ist die Liebe?«

Matty: »Hör zu, ich such nach der Wahrheit. Vielleicht habe ich inzwischen die düstere Erkenntnis, dass wir mit diesem Schiff hier untergehen. Aber wir versuchen, es so schön wie möglich zu machen. Weil ich es versucht habe. Zehn Jahre lang dachte ich, ich kann Menschen mit Musik verändern. Aber Musik kann nicht mit Milliardären mithalten. Nichts, was ich schreibe, wird ändern, wie Jeff Bezos denkt.«

Ich: »Geht das denn überhaupt, die Liebe finden in der Postmoderne? Wo sich doch alles immer mehr um uns selbst dreht?«

Matty: »Das frage ich mich in meiner Musik. Was ist Liebe gegen Neoliberalismus gegen Social Media gegen Ironie? Der Grund, warum ich im Internet immer noch Scheiße baue, ist, dass ich nicht falsch erscheinen möchte. Wenn ich immer ehrlich wäre, würde mir keiner mehr glauben. Wir sind Künstler, richtig? Wenn wir die ganze Zeit ehrlich wären, wie kann das wahr sein? Ein wahrer Künstler ist eine wahre Person. Eine wahre Person ist dynamisch. Menschen sind nie eindeutig.«

Ich: »Ich habe das Gefühl, Beziehungen verlieren an Bedeutung.«

Matty: »Du meinst die Individualisierung! Na ja, der Unterschied von Individualismus und Gruppenidentität ist verschwunden. Besonders mit Social Media. Es gibt keine Subkultur mehr. Die Menschen kleiden sich nicht mehr wie bestimmte Gruppen. Früher kleideten wir uns wie Goths, Emos, The Strokes. Heute kleiden sich die Menschen wie ein bestimmter Star.«

Ich: »Also ist das Internet schuld?«

Matty: »Wir hatten nie eine echte Diskussion über Technologie. Wir haben sie einfach genutzt, es einfach passieren lassen und dann haben wir festgestellt: Fuck.«

Ich: »Was passiert denn mit unserer Kommunikation?«

Matty: »Hast du Zeit?«

Ich: »Ich habe Zeit.« (Ich meine, ich sitze hier mit Matty Healy, ich habe Zeit bis zum Ende meines Lebens, wenn's sein muss.)

Matty: »Wie viele Leute kann man kennen? Um die hundertfünfzig. Mehr als hundertfünfzig Menschen kannst du nicht unterscheiden, das heißt, du bekommst ein Publikum. Und vor einem Publikum musst zu performen. Im Internet ist heutzutage jeder ein Protagonist seiner eigenen Geschichte.«

Ich: »Aber das entzieht die politischen Inhalte, wenn es um Performance geht, oder?«

Matty: »Genau das passiert gerade. Genauso mit Kunst. Ich frage mich ständig: Lese oder höre ich das, weil ich das lesen oder hören will, oder will ich einfach die Person sein, die diese Dinge liest und hört? Ich habe ›Krieg und Frieden‹ gelesen, weil ich die Person sein wollte, die ›Krieg und Frieden‹ gelesen hat.«

Ich: »Was hast du als Teenager vom Leben erwartet?«

Matty: »Auf keinen Fall etwas mit Politik zu tun zu haben. Mein ganzes Leben drehte sich um Musik, mit Mädchen rumzumachen, mit Freunden abzuhängen. Genau das bedeutete, eine Band zu haben. Nicht, die Welt zu ändern. Deswegen singe ich auf dem neuen Album diese Zeile: *Tut mir leid, wenn du lebst und siebzehn bist.* Als ich siebzehn war, machte ich mir keine Sorgen, gecancelt zu werden, weil ich nicht ›BLM‹ in MySpace stehen hatte. Ich meine, fuck, das solltest du auch nicht. Mit siebzehn sollte es dir erlaubt sein, ein Kind zu sein. Den Jugendlichen wird gesagt, sie müssten politisch aktiv sein und die scheiß Welt ändern. Und die sind voll mit Hormonen. Sie erleben zum ersten Mal Sex und Drogen. Und wir stellen ihnen Fragen über die Welt und Wirtschaft. Ich hatte keine scheiß Ahnung über diese Scheiße.«

Ich: »Ich auch nicht.«

Matty: »Nein, natürlich nicht! Deswegen habe ich diese Zeile geschrieben: Es tut mir leid, wenn du lebst und siebzehn bist.«

Ich: »Ist die Zukunft vorbei?«

Matty: »Ich hab kein großes Vertrauen in die jungen Leute. Es macht mir einfach Angst zu sehen, wie manipuliert junge Leute von den kommerziellen Interessen der Älteren sind. Aber ich glaube, dass junge Menschen am Ende alte Menschen sein werden. Wir müssen nur rausfinden wie.«

Wir seufzen, bis die Bildschirme beschlagen.

»Ich wollte nicht, dass das Interview so depressiv endet«, sage ich.

Matty lächelt. »Nein, das ist gut.«

Ich zucke mit den Schultern, draußen rennen Kinder kreischend durchs Laub. »Also, hast du alles, was du wissen wolltest?«, fragt Matty in mein Schweigen und erinnert mich höflich daran, dass er ein Popstar ist. »Ja klar, vielen Dank für deine Zeit.« »Gern«. Dann sagt er: »Tschüss meine Liebe, pass auf dich auf«, die Locken verschwinden und ich sehe nur noch meine geröteten Wangen im Laptop gespiegelt. Ich schließe die Videokonferenz. 15:04 Uhr, ich greife zum Handy.

Kapitel 5

Das Prinzip Verantwortung

Ich weiß nicht genau, was ich mir vorgestellt habe, als ich einen »Demokratiekongress« besuchte. Immerhin war Sommer 2022, eine Situation, die der Schriftsteller Gary Shteyngart mit »Die Menschheit ist wirklich im Arsch« treffend umriss. Ja, vielleicht hatte ich ein bisschen mehr erwartet. Menschen, viele, viele Menschen, schrille Stimmen, schiefe Augenbrauen, laute Fragen, »Wie sollen wir«, »Wo können wir«, »Wir müssen jetzt«, ein Laufbursche, der mit Flugblättern schwenkt, eine mürrische alte Frau am Rand, die verachtungsvoll schweigt, ein blasser AfD-Mann, der besorgte Bürger abwerben will, eine Teenagerin, die ein Foto macht und es auf Instagram lädt, vielleicht. Vielleicht sowas. Vielleicht ein bisschen performative Weltbrisanz. Aber natürlich blieb Deutschland seinem Tiefschlaf treu.

Stille in der Frankfurter Paulskirche, jeder Schritt hallt bis zur Kuppel, durch deren Öffnung weiches Licht in den Saal fällt. Weiße Tischdecken, Häppchen, die langsam vertrocknen, lichte Reihen, lichte Köpfe, ein paar junge Leute mit aufrechten Rücken, eine kleine Gruppe Männer in Polohemden von Ralph Lauren, bei denen es sich auch um ein Lacrosse-Team handeln könnte. Auf der Bühne Pappschilder mit den drängenden Fragen »wie halten Politiker den Hass aus?« und »wie finde ich die richtige Partei?«, dazu wichtige Menschen und wichtige Sachen: Die Krise der Demokratie, der wachsende Populismus, der Sturm aufs Kapitol – wer soll dem künftig entgegentreten?

Das Land hatte derweil vergessen, sich Sorgen zu machen. Immerhin konnte man mit dem 9-Euro-Ticket jetzt in die Schwäbische Alb fahren, die Ampelregierung spritzte kalte Tropfen auf die durchlauferhitzten Bloß-nicht-zu-kurz-kommen-Seelen, die gleichzeitig hofften, im Winter nicht von der kalten Dusche getroffen zu werden. Draußen flanieren Fußgänger über den Paulsplatz, schlecken Eis. Drinnen fragt man, wer diesen Laden namens Demokratie in Zukunft zusammenhalten soll.

Die Lage ist ernst, bekannt und wie folgt: Den Parteien brechen die Mitglieder weg, die Wahlbeteiligung, gerade unter jungen Menschen, ist trotz allgemeiner Katastrophenlage niedrig, in Hunderten Kommunen fehlen Bürgermeisterkandidaten, das Vertrauen in Institutionen hat während Corona schwer gelitten[1], die Anfeindungen, Beleidigungen gegen Amtsträger steigen. Der Nachwuchs fehlt nicht nur in der Politik. Er fehlt im Handwerk, in Pflegeberufen, bei Fachkräften. Als ich durch die Gänge der Frankfurter Universität laufe, wo die Veranstaltungen des zweiten Tages stattfinden, hängen am Schwarzen Brett Zettel voller Ausrufezeichen. Nicht nur die SPD sucht: »Wir suchen DICH!«, »We want Sex Equality!«, die Fachschaft sucht, Joe sucht, das Studicafé sucht, die Bibelgruppe sucht. Es war, als recke die Welt ihre Hände nach mir. Sie wollte *mich* Millennial.

Und als ich in Workshops sitze und von »Politikverdrossenheit« die Rede ist, glaube ich für einen Moment, wenn ich morgen in die Politik ginge, könnte ich übermorgen hessische Ministerin sein. Eigentlich nicht übel. Aber auch ohne Groucho Marx zu zitieren, ohne an den Club zu denken, der seinen Reiz verliert, sobald man selbst Mitglied ist, beschlich mich in diesem Moment großes Misstrauen. Wenn jemand ernsthaft wollte, dass jemand wie ich Politikerin werde, konnte das nicht gut sein. Wie gesagt, ich trenne nicht mal Müll, damit stößt man inzwischen selbst bei der FDP auf tadelndes ts, ts, ts. Wie antwortet der restliche Nachwuchs auf die große Nachfrage?

Von JuSo-Mitgliedern höre ich beim Kongress die Klage über zu wenig Diversität, eine junge Frau der Jungen Union schimpft über zu steile Hierarchien, über die unzeitgemäße »Ochsentour«, die Nachwuchspolitiker durchleiden müssten. Öfter höre ich an diesen zwei Tagen in Frankfurt von jungen, engagierten Menschen, dass das Parteiensystem veraltet sei, man engagiere sich lieber punktuell in Bewegungen, bei NGOs. Die langweilige Politik müsste sich verändern, dynamischer werden. Mit dem meisten haben sie Recht, alles gute Punkte, denke ich auf dem harten Klappsitz und nehme einen Schluck Filterkaffee. Aber helfen wird es uns nicht.

Die Haltung, dass sich erst die anderen ändern müssten, bevor man sich selbst bewegt, begegnete mir bereits öfter, auch abseits der Politik. Freunde erzählten vom

»Quiet Quitting«, der stillen Kündigung. Viele wollten also auf der Arbeit nur noch das Mindeste ihrer Zeit und Leistung geben, tendenziell lieber weniger, forderten mehr Urlaub, weniger Belastung, nach dem ersten Jahr ein Sabbatical. Auch dafür gibt es sehr gute Gründe. Trotzdem reicht dieser passive innere Protest nicht weiter hinaus als über ein paar Momente heimeliger Zufriedenheit. Der Frust über politische Ungleichheit und der Protest, mit dem wir einem kapitalistischen System begegnen, das nicht mehr hält, was es verspricht, mündet nicht in gemeinsamen politischen Forderungen und nur selten in organisierten Initiativen. Denn er ist persönlich motiviert und zutiefst individualistisch. Und nicht besonders integer, wenn wir den Spätkapitalismus verfluchen und gleichzeitig in ETFs investieren und damit letztendlich auf grenzenloses Wachstum wetten.

Statt uns zu organisieren, trotzen wir dem System mit maximaler Freizeiterhöhung, mit genau dem Engagement, das uns gerade in den Kram und die Phase passt. Wir treten keinen Parteien oder Gewerkschaften bei. Was der gemeinschaftlichen Kraft mehr und mehr schadet. Hatten die DGB-Gewerkschaften 2010 noch 6,2 Millionen Mitglieder, waren es 2021 noch 5,7 Millionen, in den letzten drei Jahrzehnten hat sich bei SPD wie CDU die Mitgliederzahl halbiert. Die meisten, so ehrlich sollten wir sein, beteiligen sich am politischen Diskurs in den sozialen Medien. Der einfachste und einsamste Weg.

Die Demokratie enttäuscht eine Generation. Das sagt Federica Vinci, eine junge italienische Politikerin der Volt-Partei, Bürgermeisterin und eine der »Leader« der

Obama Foundation, auf einem Kongress mit dem amerikanischen Ex-Präsidenten: »I don't think that anybody would exchange democracy for anything in the world. Yet we have to admit that democracy, at least in places like mine, is failing generations, like my generation or generations even younger.«[2] Sie fordert Politiker und Verantwortungsträger auf, zu den Orten junger Menschen zu gehen, ihnen zuzuhören, sie teilhaben zu lassen an Entscheidungen. Fakt ist, dass die Demokratie nicht mehr da ankommt, wo sie gebraucht wird, europaweit.

Federica Vinci hat Recht, natürlich muss sich die Politik um uns bemühen. Eine Altersquote ist keine schlechte Idee, die Senkung des Wahlalters auch nicht. Vor allem aber muss das Denken seine Richtung wechseln. Ich glaube nämlich, dass gerade eine Generation die Demokratie enttäuscht. *Wir* müssen uns für die Politik interessieren. Nicht umgekehrt. Und etwas fundamentaler: Es muss nicht gleich die Politik sein. Wir müssen uns für den anderen interessieren.

Denn es ist nun mal so, wie der alte Sloterdijk sagt: Es gibt kein Recht auf Nicht-Überforderung. Es gibt kein Recht auf Urlaub in Südtirol, Parkettboden und Work-Life-Balance. Nein, wir müssen nichts. Wir müssen wirklich nichts, denn für die Krisen können wir nichts. Nicht wir haben den Schuldenberg angehäuft, nicht wir haben die fatalen Entscheidungen in der Energiepolitik, der Klimapolitik getroffen. Wir können nichts für den verrückten Immobilienmarkt im verrückt gewordenen Neoliberalismus. Wir können nichts für das Vergilben des Wohlstand-durch-Arbeit-Versprechens, mit dem uns die Helmut-Kohl-Kinder vor der Nase wedeln und harte Arbeit noch immer schmackhaft machen wollen. Nein, die Jugend muss nichts. Aber die Welt muss auch nichts. Sie schuldet uns rein gar nichts.

Mit Hannah Arendt gedacht, ist es eigentlich genau andersrum. Sie spricht von »Dankbarkeit, die wir der Welt schulden«. Das klingt alles nicht besonders fair. Die Alten verprassen die Pension auf Kreuzfahrtschiffen, für die wir bei inflationszermörserten Löhnen buckeln, und hoffen, dass der Klimawandel erst nach ihrem Ableben so richtig reinhaut. Und wir sollen jetzt Verantwortung übernehmen?

Die junge Generation werde betrogen, sagte der Politrentner und Zeitgenosse von Wehner und Strauß Theo Waigel mit erbarmungsloser Wahrheitsfreude in einer Lanz-Sendung: Hundertfünfzig Prozent des BIP kämen allein bei den sogenannten impliziten Staatsschulden auf die nächste Generation zu, versteckte Schulden also, die in der Zukunft liegende Verpflichtungen abdecken. Etwa um die sozialen Versprechen zu finanzieren, die bereits gesetzlich beschlossen sind. Markus Lanz drückt sich da schon aufgeregt die Fingerspitzen mit diesem inneren Grinsen, womöglich gerade einen TV-Coup zu landen. »Nicht weil ich es will«, sagt Waigel, die Stimme schrammt am Satzende Richtung Empörung nach oben: »Die Demografie, die Zahlen sagen es uns ganz nüchtern.«

Denn die Jüngeren sind weniger, die Älteren werden älter, »wer soll das finanzieren?«. Und dann sagt Theo Waigel, er mache sich Sorgen um den politischen Zustand, um die »politische Willensbildung«. Der Satz erinnert mich an die Frankfurter Paulskirche, an den fehlenden berufspolitischen Nachwuchs. Wäre nicht jetzt der Zeitpunkt, an dem wir diskutieren, uns gegenseitig mit drängenden Fragen konfrontieren, uns Schulden und Lasten und die Ungleichheit vorrechnen müssten, das Steuersystem infrage stellen, in Gewerkschaften, Parteien eintreten, Vorschläge formulieren müssten?

Der ständige Mangel vor den Augen, das Gefühl, zu kurz zu kommen, betrogen zu sein, vom Kapitalismus, vom Patriarchat, einer Pandemie, von den Boomern, lässt uns unser eigenes Wirken vergessen. Ich lese von Quarterlife-Crises, vom Gefühl des Lost-Seins, vom belegbaren Anstieg »der globalen Traurigkeit«.[3] Vielleicht muss man also tiefer ansetzen. Dort, wo man versteht, wofür man arbeitet, wählt, verzichtet, sich ändert: beim Sinn. Aber wie entwickeln wir einen Sinn?

Der größte Experte für Sinn ist wahrscheinlich der Psychotherapeut Viktor E. Frankl. Ich kenne niemanden, der so einfach und klug erklären kann, wie man sich aus Situationen emporhebt, die einem eindeutig und unausweichlich scheinen. Es reicht eine Begegnung, die er in seinem Buch »Man's Search for Meaning« schildert: Ein Mann kam in seine Praxis, gebrochen, tieftraurig, ohne jeglichen Lebensmut. Die Ehefrau jenes Mannes war zwei Jahre zuvor gestorben, er hatte sie wie nichts auf der Welt geliebt. Wie soll man so einen Mann trösten? Frankl fragte, wie es gewesen wäre, wenn er statt ihrer als Erstes gestorben wäre. »Für sie wäre das schrecklich«, erzählt der Mann. »Sie hätte furchtbar gelitten.«

»Sehen Sie«, sagte Frankl. »Sie zahlen einen Preis. Aber Sie ersparen Ihrer geliebten Frau damit die Trauer.«

Der Mann antwortete nicht, schüttelte ihm nur die Hand in tiefer Dankbarkeit. Frankl hatte nichts an der Situation des Mannes geändert, nur seine Einstellung. Genau darum ging es Frankl in seiner Psychologie. Ende der Dreißigerjahre verstand ein Großteil der Psychologen den Menschen ähnlich wie den berühmten Pawlow'schen Hund. Wir nehmen Reize von außen wahr, ein Klingeln, und reagieren darauf mit Sabbern. Frankl setzte aber genau in jener Zeit dieser psychologischen Schule etwas entgegen: den Willen zum Sinn. Der Mensch ist kein Wesen, das einzig auf Reize reagiert. Wir können selbst entscheiden, welche Bedeutung wir Situationen geben, und deshalb auch, wie wir auf sie reagieren. Und ich fürchte, genau dieses Bewusstsein fehlt uns.

Und es scheint, als traue es uns auch kaum jemand zu. Am wenigsten die aktuelle Regierung. In der »New York Times« ist von der schleichenden Isolation Deutschlands innerhalb Europas zu lesen, von Scholz, der mit Zuzahlungen zur Gasrechnung vor allem Wähler besänftigen möchte. »Die Welt hat sich geändert«, aber dass Deutschland sich mit ihr ändern müsse, sagte Scholz eben nicht, steht dort.[4] Und es stimmt, die vergangenen Monate waren geprägt von der Angst vor falschen Entscheidungen, von gegenseitiger Beschuldigung, davon, die Bürger möglichst wenig Veränderung spüren zu lassen.

Es ist eine in die Flammen pustende Politik, die den Menschen keine neuen Möglichkeiten zumuten will. Es ist Politik, die keinen breiteren Sinn vermittelt. Denn sie verschleiert, dass zu Krisen Opfer gehören. Aber dass das nicht zur Staatskrise führen muss, sondern wir durchaus einen Sinn hinter der kalten Dusche sehen könnten. Zum Beispiel die Unabhängigkeit von einem Diktator.

In dieser Bitte-bitte-nicht-aufregen-Atmosphäre reicht man sich das unfassbar entmündigende Zitat »Harte Zeiten schaffen starke Männer, starke Männer schaffen gute Zeiten, gute Zeiten schaffen schwache Männer, schwache Männer schaffen harte Zeiten«, nickt dabei ahnungsvoll, jaja, und kapiert nicht, was für einen fatalistischen Unsinn man zementiert. Man stanzt das Schicksal auf einen Kalenderspruch, hängt ihn an die Wand und starrt darauf beim Warten. Reiz (gute Zeit) – Reaktion (schwache Männer). Es wundert mich nicht besonders, dass ich jenes Zitat sofort auf einer Webseite der AfD finde.

Man findet das Zitat auch in geseufzten »Zeit«-Interviews mit dem Schauspieler Ulrich Tukur, der Mensch gewordenen BRD-Melancholie, und auch bei Einundzwanzigjährigen auf YouTube, wo man glaubt, dass die »Millennials oder Gen Z« »eher eine schwache Generation« ist. Der moderne Lebensstil« habe uns »nihilistisch und hedonistisch gemacht«. Es braucht also scheinbar nicht mal die Ohrfeigen der Älteren, die uns als faul und narzisstisch schimpfen, oder einen Ulrich Tukur, der sich in den allgemeinen Verfall so weit reinsteigert, unsere »extremen Tätowierungen, Piercings, Implantate« als »Hilfeschreie«, ja als »Zivilisationsbruch« zu deuten.

Nihilisten, schwach, hedonistisch, Zivilisationsbruch. Genau diese Haltung verneint die Möglichkeit der freien Entscheidung, von der Frankl spricht. Niemand muss sich von der Zeit determinieren lassen. Wir sind nicht immer ein Resultat der Reize, die uns die Gegenwart schickt. Und ein Tattoo ist es ebenso wenig. Wir haben mit gesellschaftlichen Problemen zu kämpfen, die die Achtzigerjahre-Kids nicht hatten als junge Erwachsene. Die Herausforderung, wirtschaftlich zu überleben, wird von Tag zu Tag härter, die Löhne lindern keine Inflation, wir freuen uns von Woche zu Woche über den atombombenfreien Himmel. Es geht nicht darum, sich die Mundwinkel hochzutackern, es geht hier auf keinen Fall um Glück. Sondern darum, dass hinter den Krisen auch Sinn stehen kann. Dass die komplizierte globalisierte Zukunft uns dazu zwingt, uns mit komplizierten globalisierten Themen auseinanderzusetzen. Dass nicht Putin bestimmt, wie Europa reagiert, dass nicht jeder Drohung Angst folgen muss, dass Finnland einen Antrag auf den Nato-Beitritt stellen kann und trotzdem keine Atombomben auf Helsinki fallen. Dass wir klarer werden über unsere eigenen Werte, weil wir wissen, worüber wir miteinander diskutieren möchten und in welchem Maß. Die Debatte über Umverteilung verläuft schleppend, während sich moralische Fragen in Sekunden entzünden. Wir könnten mit Blick auf die Wirrnisse der Zukunft rausfinden, worauf es uns ankommt. Was hatte der Rabbi Josi nochmal gesagt? »Das Böse ist in der Welt, damit der Mensch das Gute erkennt.«

Das alles funktioniert aber nicht ohne ein Bewusstsein für den anderen. Ich nutze bewusst nicht das Wort »Solidarität«. Es ist abgegriffen, schmierig, nachdem es sich jeder, der während der Pandemie moralisches Futter für ein Argument brauchte, an sich gerissen hatte (Solidarität mit den Kindern, mit den Alten, mit den Freiheitsliebenden, den Künstlern ...). Nein, was uns fehlt, ist grundlegender: eine funktionierende Öffentlichkeit, an der gerade wir Jungen teilhaben. »Eine Obsession mit individuellem Erfolg hat uns blind gemacht für den Schaden, den wir unserem kollektiven Wohl antun«, sagt der Psychologe Robert Sternberg. Das gilt zum Beispiel auch für reiche, junge Erben. Wie soll jemand sein Vermögen besteuern lassen, wenn er gar nicht mehr versteht, für wen oder was er das tut? Wenn das Gefühl, mit Menschen verbunden zu sein, weil man dieselbe Welt teilt, verloren geht? Und einem sowieso viel schneller hundertzehn gute Gründe und Steuertricks einfallen, um das zu umgehen?

Ich kenne die Antworten auch nicht, ich weiß nicht, was ich bereit bin für die Demokratie zu geben, wie sehr mich Opfer schmerzen werden. Aber wir sollten zumindest die Chance begreifen, gemeinsam herauszufinden, wie wir auf die Welt reagieren wollen. Wir sollten begreifen, dass wir die Möglichkeit einer Suche haben. Unsere Aufgabe ist es, uns zur Welt zu positionieren, und nicht, uns von ihr abzuwenden.

Wenn ich durch die Stadt laufe, vorbei an den schweigenden Menschen, die ihre Gedanken so lange in sich tragen, bis die nette Frau mit Moleskine-Rucksack neben mir an der Ampel über »diese unhöflichen Ausländer«

flucht, bin ich mir nicht mehr sicher, ob wir uns einander bewusst sind. Das Innenleben der Körper um mich herum ist unberechenbarer geworden. Zu lange fehlten mir die Orte, an denen ich die anderen sah. An denen ich die Stimmen hörte, von denen die Rede ist. Mir fehlt der Diskurs außerhalb der von zwei Prozent der Deutschen genutzten Twitter-Blase. Wie wichtig der offene Diskurs für unsere Demokratie ist, ist klar. Wenn wir also einen Sinn hinter politischen Entscheidungen, die risikofreudiger als die jetzigen sind, wenn wir einen gemeinsamen Sinn sehen wollen, dann wäre ein Ansatzpunkt, Orte zu finden, an denen wir das verhandeln können. Ich habe schon angedeutet, dass das Internet meiner Meinung nach der falsche Ort ist. Dass eine Bühne, deren Dauerprotagonist einzig wir sind, nicht die gesündeste Voraussetzung für ehrliches Engagement ist.

Was also sind die Orte, an denen man den anderen wahrnimmt, Sinn, ein politisches Ich findet? Sich gegenseitig *sieht*, die Verantwortung versteht, die man den anderen Menschen gegenüber trägt?

An einem dieser Herbsttage, an denen ich schreibe und nur falsche Wörter finde, gehe ich zu einem solchen Ort. Ich bin gerade in dem Dorf, in dem ich aufgewachsen bin. Nebel hängt im Tal, niemand ist auf der Straße, die Bäckerei mit der goldenen Breze als Türknauf hat schon geschlossen. Ich laufe über den Steg, über den Fluss, den Hang hinauf, ans Ende des Dorfes, gleich neben dem Friedhof, man ist in bester Gesellschaft. Ich stemme meinen Körper gegen die schwere Tür, früher gewann sie den Kampf gegen mich, trete in warmes Licht, das

Knarzen des Holzbodens verrät mich sofort, aber es schaut sowieso jeder, es schaut immer jeder. Nicken, kein Lächeln, selbst wenn man von einer fünfjährigen Weltreise wiederkäme, würde man hier so begrüßt, »Servus« - »Servus«. Es riecht nach Bratwurstfett, Bierdeckelpappe, heimlich gerauchten Zigaretten. Die grünen Fliesen des Kachelofens sind noch kalt, es dampft heiß genug aus der Küche, an den Tischen nebenan zersägt ein Ehepaar zwei Schnitzel.

Ich setze mich an den Stammtisch zu vier, fünf anderen aus dem Dorf. Sie hocken hier nach der Arbeit oder nach dem Abendessen, sie hocken hier, um regelmäßig nachzuschauen, wo sie stehen. (Ja, die Pointe habe ich hier am Stammtisch gehört.) »Ein Leichtes?«, fragt der grimmigste Wirt der Welt. Ich nicke. Eigentlich passe ich hier nicht rein, alles fällt hier auf, Lippenstift, Nagellack, aber trotzdem beruhigt mich diese Kneipe. Ich weiß, dass der Stammtisch oft als Synonym für populistisches Schwätzertum verwendet, für eine Höhle völkischer AfDler gehalten wird. Wäre ich hier nicht aufgewachsen, würde ich nie glauben, dass ein deutscher Ort mit Bier und Wurst und Sauerkraut so viel Gutes, Schönes, Lustiges bringen kann. Aber so ist es.

Solange es Orte wie diesen hier gibt, gibt es immer jemanden, der dafür oder dagegen hält, und wenn nur mit dem Blick, denke ich, als ich meinen Schal abnehme und mich setze. Meine Unterarme schmiegen sich an das weiche Holz des Tisches, eine mit Schweineschwarte geschrubbte Ahornplatte, auf die bereits mein Kinderkopf sank, auf der ich die Augen schloss, den Stimmen lauschte und dabei einschlief. Den alten, tiefen Stimmen, die stritten und lachten und schwiegen. Sie erzählten sich die schönen und die schlimmen Geschichten von ihren Reisen nach Afghanistan, nach Indien, wie sie in die CSU kamen (»Mei Vater hat gsacht, geh in die CSU und du wirst nicht enttäuscht werden. Dann bin ich in die CSU eintreten, und ich wurde nicht enttäuscht.«) Sie machten sich über die bayrische SPD und sich selbst lustig, schimpften auf die Kommunalpolitik, auf Putin, auf den amerikanischen Präsidenten und – ganz übel – auf Karl, den Wechselwähler. Sie wetteten drei Kästen Bier darauf, wann der Privatpilot Mathias Rust, der 1987 auf dem Roten Platz in Moskau landete, aus dem Gefängnis entlassen würde.

Manchmal kreuzt hier noch der inzwischen über achtzigjährige Dorfaktivist Heiner auf, der nie vergisst zu betonen, dass er »auf den Tag und aufs Jahr« gleich alt ist wie Papst Franziskus, »unser Papst!«, oder der verzagte SPD-Mann Wasser-Sepp, der mit jeder Landtagswahl leidender schaut, sein Antipode, der CSU-Grantler Wanger, liegt leider schon nebenan. Ich saß dort neben Impfverweigerern, Wissenschaftlern, verkappten Wirtshaus-Poeten, Architektinnen, Einwanderern, Steinbrechern, Alkoholikern, Abstinenzlern, Künstlerinnen, Heizungsmonteuren, Apollofalter-Beauftragten, Krankenschwestern, Grundschullehrern, »Passt-Scho«-Fraktionsvertretern, ganz bestimmt saß ich dort zwischen zu vielen Männern und zu wenigen Frauen. Ich saß dort zwischen Fronten, die nicht schwieriger sein könnten, zwischen Menschen, die nicht mehr miteinander redeten, aber noch nebeneinandersaßen. Auch wenn sie es nicht wollten, sie *sahen* sich.

Der Wirt stellt das Glas vor mich, zieht mit dem Kugelschreiber einen Strich auf dem Bierdeckel, »danke« sage ich und hänge meinen Gedanken nach. Ich schreibe dieses Buch in einer Zeit, in der die Fassungslosigkeit immer wieder hochschwappt, in der wir Sachen sagen wie »Ich hätte mir sowas vor drei Jahren nicht vorstellen können«, in denen dieses dunkle Unwohlsein in den Magen schleicht, aber man nicht richtig sagen kann, wann und wie und warum und ist nicht eigentlich alles ok?

Es ist eine Zeit, in der Innenstädte veröden, in der bekannte Bands Touren absagen, weil zu wenige Tickets verkauft wurden, in denen Theaterpremieren halb leer bleiben, in der die Zahl der Pubs in England ein Rekordtief erreicht und auch in Deutschland vom »Kneipensterben« die Rede ist, in der Kaufhausfilialen geschlossen werden, in der auch meine Dorfwirtschaft leerer wird, die Jungen kommen nicht.

Die Zukunft ist unordentlich. Wo genau wir uns in ihr einrichten, weiß ich noch immer nicht. Aber ich weiß, dass wir nicht aufhören dürfen, uns für sie zu interessieren. Dass wir niemals aufhören dürfen, uns füreinander zu interessieren.

»Plastik! Die wollen alles mit Plastik verkleiden«, ruft mein Nebenmann, die Wangen gerötet vor Empörung, er regt sich über die Sanierung der Holzbrücke im Dorf auf, die bald eine Plastikbrücke sein würde. Ich zupfe Pappe vom Bierdeckel, ich war nirgends so lange, um mich irgendwo für die Sanierung einer Brücke zu interessieren. Warum kommen die Jungen eigentlich nicht mehr in die Kneipe?, frage ich mich, während Hubl, so heißt er, weiterschimpft. Sitzen sie jetzt zu Hause auf Sofas und Schreibtischstühlen unter weißem Deckenlicht?

Hannah Arendt sagt, mit jedem Menschen, der sich aus der Öffentlichkeit zurückzieht, geht »ein beinahe nachweisbarer Weltverlust ein«. Es geht der »meist unersetzliche Zwischenraum, der sich gerade zwischen diesen und seinen Mitmenschen gebildet hätte«, verloren. Weltverluste, alles Weltverluste, denke ich und schaue auf die Fotos aus Indien an der Wand. Ich versuche mir den schönen, alten Holzsteg in Hartplastik vorzustellen. »Plastik«, sage ich. »Schlimm.« Plötzlich bin ich wach und hebe meinen Kopf. »Kann man da nichts machen?«

Dank

Ich danke meinen Mitmillennials Katha Grosch, Katha Gsänger, David Thibaut, Greta Attinger, Dave Sterling, Cedric, Julian Knobloch-Krippner. Ich danke Theresa Haugg für das schönste Cover, das ich mir vorstellen kann. Ich danke Yasmine M'Barek fürs Mutmachen. Ich danke meinem Autorenkollektiv Hermes Baby.

Ich danke meiner nachsichtigen Mutter, meinem einsichtigen Vater. Ich danke Bettina und Marcel Hartges. Ich danke meinem Lektor Stefan Ulrich Meyer.

Ich danke Laura Hertreiter, Karin Steinberger, Holger Gertz.

Und ich danke André Dér-Hörmeyer.

Literaturverzeichnis

Döbler, Katharina: Sprache in Zeiten des Krieges, Le Monde Diplomatique https://monde-diplomatique.de/artikel/!5836868

Jessen, Jens: Warum so ernst? Die Zeit https://www.zeit.de/2022/35/junge-menschen-generationen-weltsicht

Martenstein, Harald: https://www.zeit.de/zeit-magazin/2022/30/harald-martenstein-entdecker-kolonialismus-eurozentrismus

Interview mit Fukuyama, Francis: NZZ https://www.nzz.ch/feuilleton/francis-fukuyama-ueber-die-ukraine-und-den-liberalismus-ld.1679998

Arendt, Hannah: Über Menschen in finsteren Zeiten, 1989

Arendt, Hannah: Die verborgene Tradition, 2016

Byung-Chul Han: Die Agonie des Eros, 2017

Didion, Joan: Slouching Towards Bethlehem, 2008

Frankl, Viktor E.: Man's Search for Meaning, 2016

Fried, Erich: Warngedichte, 1988

Fukuyama, Francis: Das Ende der Geschichte, 2020

Goffman, Erving: Wir alle spielen Theater. Die Selbstdarstellung im Alltag, 2003

Illouz, Eva: Warum Liebe endet, 2020

Jähner, Harald: Wolfszeit. Deutschland und die Deutschen 1945–1955, 2019

Jonas, Hans: Das Prinzip Verantwortung, 1984
Kiberd, Roisin: The Disconnect, Serpent's Tail 2021
Foster Wallace, David: This is Water, 2022
Klein, Ezra: Why We're Polarized, 2021
McRaney, David: How minds Change, 2022
Nieberding, Mareike: Verwende deine Jugend, 2019
Oz, Amos: Liebe Fanatiker, 2020
Passmann, Sophie: Komplett Gänsehaut, 2014
Sloterdijk, Peter: Du musst dein Leben ändern, 2012
Snyder, Timothy: Der Weg in die Unfreiheit, 2018
Stokowski, Margarete: Untenrum frei, 2021
Tolentino, Jia: Trick Mirror, 2019
Welzer, Harald: Opa war kein Nazi, 2014

Anmerkungen

Vorwort

1 https://www.destatis.de/DE/Im-Fokus/Jahr-der-Jugend/_inhalt.html

2 »Mehr als die Hälfte (58 Prozent) ist der Umfrage zufolge der Meinung, dass es zukünftigen Generationen »etwas schlechter« oder »viel schlechter« gehen werde.« https://www.vodafone-stiftung.de/jugendstudie-2022/ und »56 Prozent der Erwachsenen unter 34 Jahren sagten in einer repräsentativen Online-Befragung für die Hamburger Stiftung für Zukunftsfragen (des Unternehmens British American Tobacco (BAT)), sie würden lieber in der Vergangenheit leben.« https://www.zeit.de/news/2022-04/23/juengere-generation-wuerde-lieber-in-der-vergangenheit-leben

Aufwachsen am Ende der Geschichte

1 »Ich möchte so erfolgreich sein wie du«, ließ Girls-Schöpferin Lena Dunham die Protagonistin in ihrem Debüt »Tiny Furnitures« sagen. Nostalgische Erfolgssehnsucht, ein Gefühl, mit dem die junge Regisseurin die Karriere begann. Die die ihrer Mutter um einiges übertreffen sollte.

2 Eine Stadt, in der es ähnlich wenige Zukunftssorgen wie die Arbeitslosen gab. Eichstätt ist die Stadt mit der niedrigsten Arbeitslosenquote Deutschlands, in einem weicheren Nest kann man sein Abitur gar nicht schreiben.

https://de.statista.com/statistik/daten/studie/1134782/umfrage/staedte-und-landkreise-mit-der-niedrigsten-arbeitslosenquote/

3 https://www.igmetall.de/jugend/junge-menschen-wollen-sicherheit-und-solidaritaet

4 https://de.statista.com/statistik/daten/studie/183866/umfrage/entwicklung-der-gruendungsquoten-in-deutschland/

5 Studie Jugend in Deutschland Winter 2022/23 – Wegen schwerer Belastung von Psyche und Finanzen schwindet die Zuversicht: https://simon-schnetzer.com/blog/veroeffentlichung-jugend-in-deutschland-trendstudie-winter-2022-23/

Ghosting Geschichte

1 Bei einer Befragung der Universität Bielefeld gaben 17,6 Prozent an, unter ihren Vorfahren potenzielle Täter zu haben. Etwas mehr, 18 Prozent, glaubten, ihre Verwandten hätten potenziellen Opfern geholfen. Was die Forscher in der Auswertung zu der eher rhetorischen Frage leitete, ob es gleich viele »Helfer« wie »Täter« gab. Historischer Unsinn: Wissenschaftler gehen von 20 000 bis 200 000 Menschen aus – und Letzteres sei eine sehr optimistische Schätzung –, die potenziellen Opfern während der -Zeit tatsächlich geholfen haben. Ähnliches las man bereits in der soziologischen Studie »Opa war kein Nazi« Anfang der Nullerjahre: Gerade das große Wissen um die Verbrechen der Nazis riefe »in den Nachfolgegenerationen das Bedürfnis hervor, eine Vergangenheit zu konstruieren, in der ihre eigenen Verwandten in Rollen auftreten, die mit den Verbrechen nichts zu tun haben«.

2 Spittler, M. (2020). Jugend und Legitimität. In: Kneip, S., Merkel, W., Weßels, B. (eds) Legitimitätsprobleme. Springer VS, Wiesbaden. https://doi.org/10.1007/978-3-658-29558-5_4

3 https://www.bertelsmann-stiftung.de/de/publikationen/publikation/did/umfrage-februar-2022-erschoepfte-gesellschaft-all

4 https://www.tagesschau.de/inland/holocaust-ueber lebende-armut-101.html

5 Ein Motiv für die Wut auf »das Establishment« oder auf »die Politiker« ist, Verantwortung abzugeben. Man verlagert die Handlungsoption an jemand anderen. Oder: Wenn ich sage, der Klimawandel ist Quatsch, liegt die Verantwortung nicht mehr bei mir, und ich kann mir ein dickes Auto kaufen. Die Auslagerung von Weltgeschehen aus dem eigenen Leben bedeutet immer eine Auslagerung von Verantwortung.

Serious Shit

1 https://www.bertelsmann-stiftung.de/de/publikationen/publikation/did/umfrage-februar-2022-erschoepfte-gesellschaft-all

2 https://www.bka.de/SharedDocs/Downloads/DE/Publi kationen/JahresberichteUndLagebilder/Partnerschafts gewalt/Partnerschaftsgewalt_2020.html;jsessionid=2D848C2E137CA9D70A8728DDBB63EDD4.live292?nn=63476

3 https://www.emma.de/artikel/offener-brief-bundes kanzler-scholz-339463

4 Nur 14 Prozent der Befragten sehen sich in fünf bis zehn Jahren in einer Führungsrolle https://web-assets.bcg.com/

b4/67/551c4d9340a78a15ad08db02cf15/bcg-humancenteredleadersarethefutureofleadership-20210204-vf.pdf

A Scroll in the Life

1 https://www.freizeitmonitor.de/2022/freizeitverhalten-nach-alter/ https://www.americansurveycenter.org/research/the-state-of-american-friendship-change-challenges-and-loss/

2 »Es ist so verrückt, die Kommentare hier zu lesen mit all den Geschichten, und wenn ich sie lese, fühlt es sich so an, als würden sie sie mir von Angesicht zu Angesicht erzählen und wir sind alle hier verbunden wegen dieses einen Songs.«.

Das Prinzip Verantwortung

1 https://www.bertelsmann-stiftung.de/de/publikationen/publikation/did/umfrage-februar-2022-erschoepfte-gesellschaft-all

2 https://barackobama.medium.com/my-remarks-at-the-2022-copenhagen-democracy-summit-e9740dc78c5a

3 https://www.gallup.com/analytics/394670/blindspot.aspx

4 https://www.nytimes.com/2022/10/25/world/europe/germany-ukraine-energy-policy.html